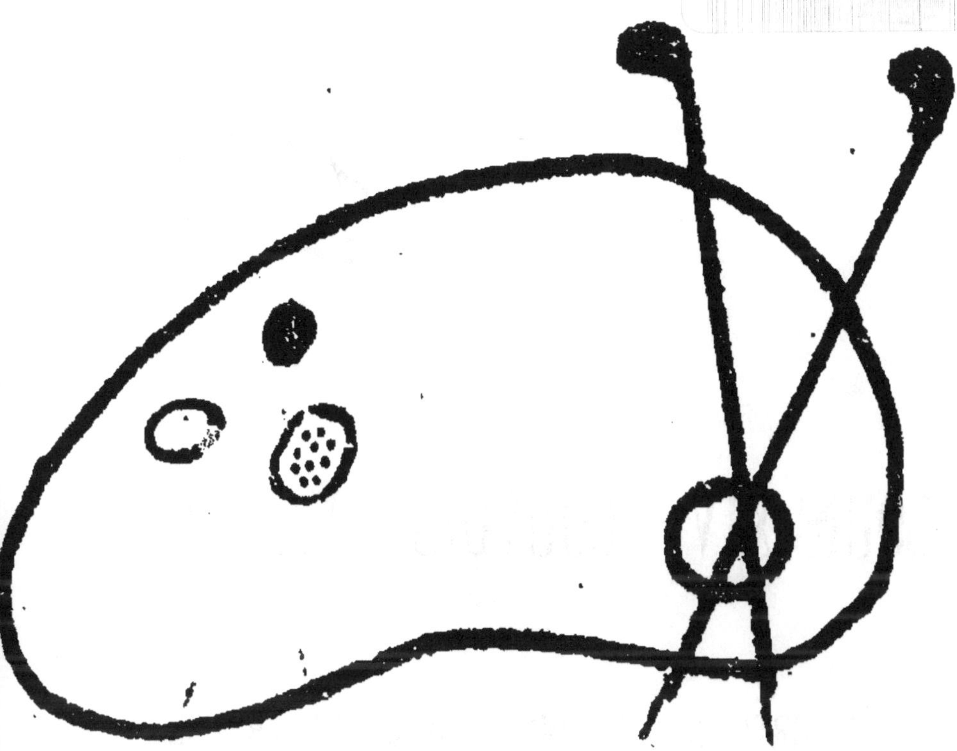

Couvertures supérieure et inférieure
en couleur

LOUIS XIV — LOUVOIS — VAUBAN

ET

LES FORTIFICATIONS DU NORD DE LA FRANCE

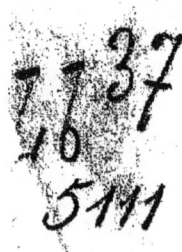

LOUIS XIV — LOUVOIS
VAUBAN
ET LES FORTIFICATIONS DU NORD DE LA FRANCE

D'APRÈS DES LETTRES INÉDITES DE LOUVOIS

ADRESSÉES A M. DE CHAZERAT, GENTILHOMME D'AUVERGNE
DIRECTEUR DES FORTIFICATIONS A YPRES

PAR

H. CHOTARD

DOYEN DE LA FACULTÉ DES LETTRES DE CLERMONT

PARIS
LIBRAIRIE PLON
E. PLON, NOURRIT ET Cie, IMPRIMEURS-ÉDITEURS
RUE GARANCIÈRE, 10

AVERTISSEMENT

Lorsque le bibliothécaire de la ville de Clermont-Ferrand m'a mis entre les mains la correspondance inédite de Louvois avec M. de Chazerat, j'en ai tout de suite compris l'importance, et je me suis demandé ce que j'en pourrais faire. Publierais-je les lettres *in extenso,* sans rien omettre, sans rien changer? C'était ma première pensée; mais ces lettres n'ont aucun caractère, aucune valeur littéraire et elles sont d'un intérêt très spécial; évidemment elles auraient peu de lecteurs; ce sont des pièces à consulter. Me bornerais-je alors à en extraire un mémoire où j'exposerais la vie d'un officier du génie au XVIIe siècle et où je mettrais en lumière les traits généraux qui se rapportent à l'histoire et aux trois grands personnages à qui la France d'alors doit la ceinture de ses fortifications? Un troisième parti s'est enfin offert et je l'ai saisi. Il a consisté à ajouter à ce mémoire auquel j'avais pensé, que j'ai fait, du reste, et que j'ai lu à l'Académie des Sciences morales et politiques, l'histoire des travaux de M. de Chazerat dans les différentes villes où il a été successivement placé. J'arrivais ainsi à analyser les lettres du grand ministre, à en tirer la substance, à leur donner par le choix des faits un intérêt assez vif; je faisais connaître tout le travail que réclamait l'établissement d'une place forte; je montrais ces soins de tout instant, cette surveillance sans relâche, ce dévouement à toute épreuve qu'exigeaient et le roi qui ordonnait, et Louvois qui dirigeait, et Vauban qui concevait les plans et les faisait exécuter. J'ai suivi jour par jour la correspondance, et en la transformant en une histoire de la construction de Dunkerque, de Bergues, de Gravelines et surtout d'Ypres, je n'ai rien laissé ignorer de ce qu'il importait de connaître. C'est une évocation du passé dont bien des événements nouveaux aviveront l'intérêt, du moins je l'espère.

Sans allusion au temps présent, n'y a-t-il pas déjà un grand intérêt à pénétrer avec

Louvois dans les conseils du grand roi, à assister aux délibérations, à écouter les exposés d'affaires, les réponses, à s'immiscer dans tout le détail de ces propositions journalières qui comprenaient toute la conduite du royaume, à contempler ce roi calme et silencieux, écoutant sans rien dire, sans faire un geste, pesant en lui-même les raisons et les arguments, se faisant une opinion et la formulant ensuite par un ordre que chaque ministre accepte ? Quel grand et digne spectacle, qu'il n'est peut-être pas donné à un peuple de voir deux fois ! Louis XIV a pu commettre et a commis de grandes fautes ; il a trop aimé la guerre ; il l'a avoué lui-même à son lit de mort ; il a irrité l'Europe et l'a détachée de lui ; il a abandonné les vues de ses prédécesseurs et entraîné la France sur des routes nouvelles où sa fortune subit un arrêt ; de nouveaux traités ne furent plus pour elle un accroissement, mais une limitation. Le roi s'est trompé, mais ses erreurs sont à lui, ce qu'on ne peut pas dire de bien des souverains qui s'abandonnent aux impulsions qui les entourent ; il en a souffert, s'il en a fait souffrir le pays ; et jusqu'au dernier moment, dans les plus mauvais jours, il a conservé cette grandeur de volonté qui a été le plus sûr garant de sa puissance. Ne peut-on pas beaucoup pardonner au roi qui a fait de notre France le premier pays de l'Europe et qui l'a maintenue à ce rang malgré ses défaites, car il l'a dotée de toutes les gloires, comme le dit encore le frontispice de son château de Versailles transformé en musée ?

CHAPITRE I.

La Vie de M. de Chazerat.

La bibliothèque de la ville de Clermont-Ferrand possède deux gros volumes in-4° de lettres manuscrites qui portent la signature de Louvois, qui sortent naturellement de son ministère et dont l'authenticité est incontestable. Ces lettres, Louvois les dictait ou les faisait écrire par un secrétaire, un commis, après avoir bien indiqué le sens et la portée que chacune d'elles devait avoir. L'écriture n'est pas toujours la même, le grand ministre se servait de plusieurs mains. Cependant la plus grande partie des lettres est de la même main : il est évident qu'un secrétaire attaché à une affaire s'en occupait sans relâche et était chargé à son sujet de toute la correspondance. Il la connaissait bien, et dans les plus petits détails qui lui étaient devenus familiers; le ministre pouvait avec lui abréger les explications; il se faisait comprendre à demi-mot; le travail se faisait bien et très vite.

Quand la main change, le sujet change lui-même, sinon complètement, du moins en partie, et l'on sent que de nouvelles intentions, de nouvelles vues, de nouvelles études amènent en scène un nouveau secrétaire.

Tous les secrétaires ont une grosse et large écriture, la véritable écriture française, qu'on lit sans difficulté et par conséquent sans mérite; deux lettres seulement se ressemblent, l'*u* et le *v*, jettent quelque incertitude dans la lecture non pas des noms ordinaires, mais des noms de personnages, de villes et de quartiers de villes. Quant à l'orthographe, elle est défectueuse; elle n'était pas encore fixée, et les fautes, ou tout au moins ce que nous appelons aujourd'hui des fautes, sont toujours les mêmes. Ainsi la règle des participes, telle que nos grammaires l'ont établie, est ignorée; les accents manquent partout; le vieil usage de l'*s*, comme dans *prest*, est conservé; la ponctuation est toute de fantaisie; le point est inconnu; les phrases ne sont point arrêtées: qu'importe? avec les larges traits, les longs jambages, la lecture est courante et rapide.

Les lettres portent toutes sur les fortifications des villes du Nord, des villes de récente conquête ; si la main change parfois, c'est que de l'ensemble des travaux se détachent des points spéciaux qui exigent de celui qui les traite quelque habitude particulière, quelque capacité plus strictement nécessaire. Louvois appliquait dans son ministère la division du travail, suivant l'intelligence, les dispositions et les lumières des employés ; il savait ce qu'ils valaient, et il se servait de chacun d'eux suivant ses moyens et au plus grand profit du royaume.

Qu'il dictât ses lettres ou qu'il les fît rédiger sur ses instructions, Louvois se les faisait lire ; elles portent en effet des corrections et des additions toujours utiles, qui complètent et éclaircissent les idées et les ordres exprimés ; parfois même, il devait les relire lui-même, suivant leur importance, car plusieurs corrections ou additions sont évidemment de son écriture, facilement reconnaissable, car elle diffère beaucoup de celle des secrétaires, et elle a partout et toujours le même caractère, la même inclinaison des traits en accord avec la signature. Elle a quelque chose de brusque et de pressé, qui indique que le ministre, tout en prenant le temps de faire et de bien faire ce qu'il avait à faire, ménageait ses moments, et n'accordait à une affaire que juste ce qu'elle exigeait. Une lettre écrite de Paris le 16 décembre 1673, doit cependant être entièrement de la main de Louvois ; elle est par suite essentiellement précieuse (1).

Les lettres manuscrites qui nous occupent, sont adressées à un gentilhomme d'Auvergne, M. de Chazerat, officier du génie, qui les recueillit avec soin et qui les a conservées avec respect. Il était naturel qu'il y attachât un grand prix, car elles attestent ses services, leur durée et leur qualité. Il les a exactement classées, prenant la peine d'écrire sur le verso de la dernière feuille de chacune d'elles l'objet et la date. Le nom même de Louvois, Mgr de Louvois, pour être correct, précède l'inscription, qui n'est qu'une analyse brève mais très claire, qui devait permettre à M. de Chazerat, dans les recherches qu'il avait à faire, de ne

(1) Louvois avait envoyé un billet à M. de Chazerat pour qu'il touchât à Brisach ses appointements, et, apprenant qu'il les avait déjà touchés du sieur Robert, intendant sans doute, il lui enjoint de ne pas faire usage de son billet.

pas ouvrir les lettres mêmes et d'arriver promptement à ce qu'il devait revoir.

Cette correspondance, si honorable pour celui à qui elle était adressée, comprend vingt ans; elle commence le 5 février 1669 et finit le 20 mars 1688. M. de Chazerat était à Lille quand il reçut la première lettre, qui signale le moment où il prend une situation importante dans les travaux militaires, puisqu'il entre en rapports directs avec le ministre et reçoit ses ordres sans intermédiaires; et il était à Ypres quand il reçoit la dernière qui lui permet de se retirer du service, qui règle sa pension et constate que sa santé affaiblie le contraint à abandonner la direction des fortifications de la ville.

Quelques lettres peu nombreuses viennent de l'entourage du ministre et sont signées de noms bien connus, comme ceux de M. de Saint-Pouange et du maréchal d'Humières, même de Le Tellier qui, pendant que son fils accompagnait le roi dans le nord de la France, en avril 1676, avait pris la direction des affaires; et d'autres noms moins connus, comme ceux de Le Pelletier de Souzy et de Dufresnoy. Elles ont également trait aux fortifications des places du Nord, sauf deux ou trois qui concernent les affaires particulières de M. de Chazerat.

Une lettre porte deux fois, car il y a un *post-scriptum*, la signature de Vauban ; elle a rapport aux ouvrages de défense qui sont en construction à Ypres, et elle frappe tout d'abord par les égards que le grand ingénieur témoigne à un officier d'un rang bien inférieur au sien.

Une dépêche porte le nom de Louis-Armand de Conti, neveu du grand Condé ; elle est de 1684 et n'a réellement de remarquable que la signature.

Enfin, et nous avons gardé cette indication pour la fin de l'énumération des lettres, cinq fois nous trouvons la signature de Louis de Bourbon, du grand Condé ; elles ne traitent que d'affaires très ordinaires, mais il en est deux qui paraissent écrites de la main même de l'illustre général, du vainqueur de Rocroy et de Senef. Elles sont en chiffres et par suite incompréhensibles, car le registre de ces chiffres est perdu. Elles étaient donc confidentielles, et elles ne devaient être lues et comprises que par M. de Chazerat. Elles ne sont même qu'une seule et même lettre ; la seconde reproduit exactement la première.

Le prince dit lui-même qu'il fait une seconde expédition, ayant appris que la première était tombée entre les mains de l'ennemi. Il se trompait, puisque M. de Chazerat a reçu les deux. Tant de précautions indiquent que l'affaire était grave, et comme l'écriture, la même dans les deux lettres, diffère essentiellement de celle des trois autres qui ne sont pas de la même plume, et que, penchée comme la signature, elle s'en rapproche, ayant le même lancé et des traits vraiment semblables, on peut espérer que l'on possède en ce point deux autographes aussi rares que précieux.

Les deux volumes qui renferment cette correspondance manuscrite sont reliés en peau rouge ; ils n'ont pas de pagination, mais, sauf en deux ou trois endroits, l'ordre chronologique est bien observé, et même les quelques intervertissements que l'on rencontre doivent être attribués moins à M. de Chazerat qu'au relieur qui, de plus, a serré les coutures au point de gêner la lecture du verso des pages, et qui a coupé les tranches inférieures de façon à enlever parfois une signature ou une ou deux lignes. C'était trop aimer à parer son travail et ne pas assez respecter les papiers dont il ne saisissait pas l'importance.

Les deux volumes portent les armes de M. de Chazerat, imprimées en or dans le vélin : en style héraldique, elles étaient d'azur à l'aigle éployée d'or, à la bordure de gueules chargée de huit besants d'argent.

Que sait-on de M. de Chazerat qui avait l'honneur de recevoir directement les ordres de Mgr de Louvois, comme il disait lui-même? Il était du Bourbonnais et de l'Auvergne, et voici ce que nous trouvons dans le nobiliaire de cette dernière province : de Chazerat, seigneur de Gandailly, de Puyfol, de Ligonnes, de Seychalles, de Lezoux, de Chassagnole, de Fontanille, de Codognat, de Lenty, de Lignac, de Mars d'Ornou, d'Aubusson, de Bort, de Mouteil et autres lieux en Bourbonnais et en Auvergne. Il descendait d'une ancienne famille qui remonte au XIIe siècle, mais qui n'était originaire ni du Bourbonnais ni de l'Auvergne; elle était sortie du Berry. Seigneur de tant de lieux importants, M. de Chazerat devait avoir une fortune assez considérable, et, suivant l'usage du temps, il avait acheté un grade dans l'armée. Comme le dit M. Camille Rousset, la vénalité des charges était une infirmité durable dans l'armée. Louvois en avait été vivement frappé et certes, s'il avait pu la détruire, il l'eût détruite ; il ne put que la régler. Les charges dans l'armée formaient, comme dans la magistrature, une véritable propriété, il fallait la respecter ; on ne pouvait enlever à ceux qui les possédaient, les compagnies, les régiments ; il y avait là une sorte de commerce qui entraînait des négociations d'achat et de vente, une fluctuation dans les prix suivant l'offre et la demande. Louvois dut se borner à le surveiller sévèrement, à exiger que toutes les obligations fussent scrupuleusement remplies. La possession des grades ne fut plus lucrative ; elle devint même coûteuse, suivant les exigences du ministre ; des officiers même se ruinèrent, étonnés de remplir des devoirs auxquels ils n'étaient pas habitués.

En 1669, M. de Chazerat est désigné dans une lettre de Louvois, datée de Saint-Germain, 1er août, comme lieutenant réformé de cavalerie dans le régiment de la Plante. Il n'est donc pas officier de génie, il est employé dans le génie.

Le génie ne formait pas, en effet, comme l'artillerie, un corps à part ; les ingénieurs étaient de l'armée, attachés à des régiments d'où ils sortaient par accident et auxquels ils ne cessaient pas d'appartenir. On les tirait suivant leurs goûts, leurs capacités, de l'infanterie ou de la cavalerie ; ils restaient dans les cadres avec les grades qu'ils avaient achetés et qu'ils occupaient, et par attribution, ils servaient ailleurs, dans la construction, dans la défense ou dans l'attaque des places. Ils pouvaient déjà être illustres, et ne porter qu'un titre modeste et être tenus, en dehors de leurs travaux, à des services journaliers qui les en distrayaient. Vauban n'était que capitaine dans le régiment de Picardie, et déjà, sa réputation faite, il était chargé de fortifier Lille, et c'est par faveur, disons mieux, par ordre du roi, qu'il fut dispensé des gardes ordinaires qu'on lui imposait, comme à un simple officier d'infanterie.

M. de Chazerat, lieutenant de cavalerie, ne pouvait toucher ses appointements que s'il était présent aux revues réglementaires. Louvois dut l'en faire dispenser par le roi et, dans cette même lettre du 1er août 1669, il ajoute : « Pour que M. de Souzy (intendant sans doute) ne fasse pas de difficulté de vous faire payer en cette qualité de lieutenant, vous n'avez qu'à lui montrer ma lettre. »

Le corps du génie existait en fait, mais non

en droit et, malgré toute sa force de volonté, Louvois ne parvint pas à le créer légalement. Il se heurta sans doute contre des obstacles insurmontables, les habitudes, les traditions et l'orgueil des corps qui déjà existaient et qui ne voulaient pas accepter de rivaux. Vauban obtint de lui des concessions, des palliatifs, mais rien de plus. On continua de prendre des ouvriers dans les régiments des garnisons voisines, que les besoins de leur jeunesse avaient faits terrassiers, charpentiers, tailleurs de pierre, maçons, qui avaient travaillé dans les carrières, dans les briqueteries, dans les mines, etc. On eut des forgerons, des armuriers, des artificiers, des charretiers conducteurs de convois. Quant aux officiers, ce furent des volontaires qui s'offraient, entraînés par leurs études ; mais ils étaient toujours mal récompensés de leur zèle et de leurs peines. A l'expiration de leur engagement et de leur service, officiers et soldats rentraient dans les régiments, et ils étaient mal reçus par leurs camarades et leurs collègues ; leurs chefs, leurs supérieurs, les regardaient avec indifférence et ne leur tenaient aucun compte de ce qu'ils avaient pu faire. En dehors du régiment, rien ne contribuait à la considération et à l'avancement.

Vauban s'alarmait et s'indignait de ce mépris trop visible : « Mes hommes, disait-il, dans les siéges, pour l'attaque et la défense, supportent les fatigues et reçoivent les coups ; ce sont les vrais martyrs de l'armée. » Il ne cessait d'intercéder pour eux auprès de Louvois. En 1674, il demande une faveur pour un de ses aides, et il ajoute : « Elle fera bon effet ; si les distinctions ne viennent pas à notre métier, aucun honnête homme ne voudra s'en mêler. »

Cette même année 1674, Vauban, le grand Vauban, comme il était déjà nommé, avait quarante et un ans, et il n'était encore que capitaine. C'était en effet le plus haut grade accordé jusqu'alors à un officier du génie. Il s'indignait, et Louvois obtint du roi qu'il fût tout d'un coup élevé au grade de brigadier, et deux ans plus tard, en 1676, il fut nommé maréchal de camp, mais par assimilation. On maintenait donc encore une distinction entre le génie si utile, dont l'importance croissait chaque jour, et les deux corps essentiellement nationaux, les vieux fondements de l'armée française, l'infanterie et la cavalerie. L'artillerie elle-même, à qui on devait le gain des dernières batailles, ne jouissait que de l'assimilation, et elle voyait elle-même avec étonnement le génie monter jusqu'à elle.

Maréchal de camp, Vauban fut enfin assez fort pour organiser l'arme qu'il avait créée et qu'il illustrait. Il divisa les soldats et les officiers qui la composaient en deux classes, l'une ordinaire pouvue d'une nomination royale et d'une paie réglementaire, l'autre extraordinaire formée au moment des guerres suivant les besoins, et jouissant, en sus de la paie ordinaire attachée à chaque situation dans l'infanterie et la cavalerie, d'une indemnité plus ou moins considérable.

Nous avons à ce sujet une lettre décisive de Louvois ; elle n'appartient pas à notre recueil, mais il importe de la citer, bien qu'elle ait été déjà citée par M. Camille Rousset : elle est du 14 juin 1667 et elle est adressée à Vauban : « Je suis tout à fait de votre avis qu'il faut faire deux états d'ingénieurs, l'un de ceux que l'on emploiera à la construction des places et dont le nombre se règlera suivant le besoin qu'on en aura ; et l'autre de ceux auxquels le roi donnera 4 ou 500 livres de pension, outre les appointements de capitaine, moyennant quoi, ils seront obligés de venir aux siéges lorsqu'ils y seront mandés, et ils recevront, lorsqu'ils serviront, leurs appointements sur le pied de campagne. »

Le corps des ingénieurs était donc constitué, mais il restait dans une situation mixte et distincte de l'armée pour une moitié, et il appartenait encore pour l'autre à l'infanterie et à la cavalerie.

En 1679, après la paix de Nimègue, Louvois créa sans doute deux compagnies de mineurs, mais deux compagnies seulement, et les officiers ingénieurs restèrent pour la plupart, *comme devant*, des officiers sans troupes.

M. de Chazerat était un officier sans troupes ; en 1674, il n'avait que le titre de lieutenant de cavalerie, et c'était cependant un bon ingénieur, très estimé, comme le prouve la lettre que lui écrivait déjà Louvois dès le 14 août 1669. Il s'était ému de reproches qui lui avaient été adressés dans une lettre du 1er août au sujet de désordres qui s'étaient produits dans des carrières et qui avaient arrêté la fourniture des parpaings nécessaires aux travaux de Lille, et Louvois lui répond : « Il n'était pas nécessaire que par votre lettre du 6 de ce mois vous me fissiez le détail de votre conduite pour vous justifier envers moi de la diminution de la fourniture des parpaings, puisque j'ai toujours été bien persuadé de votre application au service du roi, et je vous assure que vous n'avez qu'à continuer pour me donner lieu d'être satisfait de votre service. » Ce service était rigoureux et incessant, car nous voyons M. de Chazerat demander en décembre 1670 un congé, et Louvois déclare qu'il ne l'accordera que pour un mois, et encore sur un avis favorable de M. de Vauban. En 1675, le 7 janvier, Louvois repousse nettement sa demande de congé; on a besoin de lui aux travaux.

La capacité bien connue de M. de Chazerat le faisait employer non-seulement dans les places, mais encore en campagne. Ainsi le 10 Avril 1672, de Saint-Germain, M. de Saint-Pouange, un des principaux membres du ministère de la guerre, lui annonce « que Mgr de Louvois l'a désigné pour servir d'ingénieur pendant la campagne prochaine (contre la Hollande) dans l'armée du roi sous M. de Vauban, et que pour cela il se rendra à Charleroy le 3 mai. » Le 19 avril, l'ordre fut changé, et M. de Chazerat dut aller trouver M. de Vauban à Lille pour y prendre les ordres et s'y conformer.

La vie militaire de M. de Chazerat, qui, de moment en moment, se révèle sous la main de Louvois ou de ses principaux employés, jette un jour bien vif non-seulement sur le service des ingénieurs, mais sur la hiérarchie et sur la transmission des grades. Ainsi M. de Saint-Pouange, le 17 avril 1675, de Versailles, lui annonce « qu'il a vendu 18,500 livres seulement la sous-lieutenance dans le régiment des gardes françaises à laquelle il a intérêt, les charges n'étant plus si chères qu'elles ont été à cause des seconds sous-lieutenants que le roi a mis dans le régiment. » L'expression « à laquelle il a intérêt » n'est pas assez explicite; M. de Chazerat, lieutenant de cavalerie dans le régiment de la Plante, était-il en outre sous-lieutenant dans le régiment des gardes françaises? ou sans exercer les fonctions de cette sous-lieutenance, était-il propriétaire de ce grade? On peut encore se demander si cette expression « à laquelle il a intérêt » n'indiquerait pas qu'il n'avait qu'une partie de cette propriété obtenue par héritage. Toujours est-il bon de savoir qu'en cette année 1675, les charges avaient baissé de prix; le roi, en créant de secondes sous-lieutenances, avait affaibli la valeur des premières; peut-être aussi voulait-il assurer le service, car de nombreuses absences d'officiers dans les régiments rendaient nécessaire l'augmentation du nombre. Les grades étant achetés et devenant des propriétés, les possesseurs étaient parfois trop jeunes, parfois trop vieux ; enfin ils pouvaient être détachés, comme l'était M. de Chazerat.

M. de Saint-Pouange continue : « Cette somme de 18,500 livres est entre les mains de M. de Grand'Maison, dites-moi la part que vous y avez, et à qui vous voulez que je la fasse remettre ». Cette remise ne se faisait pas toutefois sans précautions et sans surveillance ; le roi intervenait, et M. de Louvois plus souvent encore en son nom. Ainsi, dans une seconde lettre du 2 mai 1675, M. de Saint-Pouange dit que M. de Louvois (à qui rien n'échappe), ne sachant pas (assez clairement sans doute) ce qui a été réglé à l'égard de la vente, lui a ordonné d'en écrire à M. de Vauban pour le savoir. « Dès que j'aurai la réponse, je ferai remettre à M. de Bellon la somme que M. de Vauban me mandera devoir vous revenir. » Il ne s'agit plus de M. de Grand'-Maison ; le mandataire est changé et il n'obtiendra satisfaction que sur une explication précise du chef de M. de Chazerat, de M. de Vauban qui lèvera toute difficulté (1).

Nous avons ici la preuve que Louvois s'inquiétait beaucoup de la vénalité des charges ; mais comment la faire disparaître puisqu'elle était dans les lois et dans les mœurs ; les régiments et les compagnies étaient à l'enchère ; le plus offrant et dernier enchérisseur l'emportait ; le commerce était patent ; on ne pouvait que le régler, et en le réglant, on empêchait les officiers de se ruiner avant d'avoir servi ; on établit un prix maximum, 22,500 liv. pour les régiments et 12,000 pour les compagnies. Mais dans les gardes, comme l'affirme Dangeau dans son journal, les prix sont toujours variables ; ils atteignent 80,000

(1) M. de Chazerat vend sa sous-lieutenance dans le régiment des gardes françaises, mais il conserve ses autres grades, un surtout dans le régiment de Navarre. Une lettre de Louvois à M. de Chazerat datée de Saint-Germain, du 17 novembre 1675, le prouve et montre encore que de la possession de grades dans l'armée régulière, un officier détaché pouvait tirer des avantages. Nous la citons : « L'intention du roi n'est pas de priver ceux qui sont chargés des fortifications de ses places et qui ont de l'emploi dans les troupes des avantages qu'ils peuvent rencontrer dans son service et je ne crois pas que le soin des travaux dont vous êtes chargé puisse vous empêcher de vaquer à ceux que vous devez prendre du bataillon du régiment de Navarre qui est à Dunkerque... »

liv., et Louis XIV eut la faiblesse, pour complaire à des acquéreurs qui cherchaient à élever une position si chèrement obtenue, d'accorder à tous les capitaines aux gardes le rang de colonel ; c'était une nouvelle prime offerte aux compétitions. Louvois protestait en vain ; il dut s'incliner devant la volonté royale.

Le grade de M. de Chazerat est donc jusqu'ici incertain, mais son titre d'ingénieur est assuré. Dès 1671, une lettre que, du camp de Bavay, le prince de Condé lui adresse à Dunkerque, porte comme suscription : M. de Chazerat, ingénieur à Dunkerque ; et le prince le félicite d'avoir mis Bergues en bon état et le charge de faire de même pour les autres places. Cette marque d'estime était trop flatteuse pour que M. de Chazerat ne la conservât pas ; aussi a-t-il placé la lettre du prince à la fin du 2e volume des lettres de Louvois.

Ayant conscience de son mérite, il désire de l'avancement ; il en demande même en 1677 et il envoie le mémoire de ses services au ministre qui lui promet de le placer sous les yeux du roi à la première bonne occasion. Il est évident que comme tous les ingénieurs de talent, il avait été assimilé aux capitaines de l'armée, grade honorable, puisque Vauban l'avait longtemps porté, mais qui, depuis que le grand ingénieur avait obtenu que ses aides, comme il les appelait, fussent traités suivant leur valeur, ne satisfaisait plus ni la juste opinion que M. de Chazerat avait de lui-même, ni sa légitime ambition. Enfin en 1677, du camp de Valenciennes, le 17 mars, M. de Saint-Pouange lui écrit « que le roi lui a accordé la majorité de Valenciennes et qu'aussitôt cet ordre reçu il doit s'y rendre pour prendre les fonctions et prendre soin de toutes choses. »

De fait, il ne se rendit jamais à Valenciennes ; il resta d'abord à Dunkerque, sur l'ordre du roi, afin d'attendre son successeur M. de La Londe, « et même, ajoute l'ordre, lorsqu'il sera sur les lieux, vous y demeurerez jusqu'à la fin du mois de mai pour lui donner une si parfaite connaissance de toutes choses qu'il puisse y servir utilement. » Mais M. de La Londe tomba malade et nous voyons par une lettre datée de Fontainebleau, le 30 août 1677, que M. de Chazerat devait encore « rester à Dunkerque jusqu'à ce que la santé de son successeur fût rétablie. »

Dans l'intervalle, il avait accompli une

inspection des places fortes, et détail curieux, qui prouve qu'à cette époque certaine courtoisie régnait dans les rapports entre belligérants, il avait reçu du général espagnol duc de Villa-Hermosa un passe-port qui lui permettait, pour abréger sa route, de passer sur le territoire espagnol, mais à la condition qu'il ne chercherait pas à joindre les armées : « le passeport sera nul si vous en approchez. »

De temps en temps il quittait Dunkerque, mais pour s'occuper de Gravelines : enfin, le 16 janvier 1678, il reçoit l'avis suivant : « Le roi veut que vous vous teniez prêt à suivre l'armée en qualité d'ingénieur ; il vous accorde une pension de 600 l. à partir du 1er janvier ; elle vous sera payée par M. Le Pelletier, intendant en Flandre. Vous tiendrez tous les jours M. de Vauban averti du lieu où vous serez afin qu'il sache où vous envoyer les ordres de ce que vous aurez à faire, pour l'exécution desquels vous devrez toujours vous tenir prêt. Lorsque vous serez en campagne, vous serez payé sur un plus haut pied suivant l'état qu'il plaira à Sa Majesté de régler (1). » Cette lettre

(1) M. de Chazerat connaissait le service de campagne, car deux ans auparavant, le 11 juillet 1676, il avait été attaché comme officier du génie au corps de troupes qui se réunissait à Dunkerque.

vise à deux reprises le traitement de M. de Chazerat, et elle nous apprend deux choses qui peuvent nous surprendre, d'abord que le traitement des ingénieurs était modeste, et ensuite que la quotité dépendait uniquement de la volonté du roi. On savait alors se contenter et se soumettre.

Enfin nous trouvons M. de Chazerat à Ypres, qu'il ne quittera pas pendant huit années. Il y porte le titre de major; mais il est le plus souvent nommé directeur des fortifications, comme le prouve la suscription des lettres qui lui sont adressées. Il possède encore une compagnie d'infanterie, qui est loin de lui; il est donc tout à la fois major et capitaine. Le 1er mai 1678, Louvois lui enjoint de travailler, du lieu où il est, à rétablir sa compagnie, « et cela ne sera pas malaisé puisque vous n'avez qu'à charger vos officiers de ce soin. » Il ne lui accorde pas de congé en cette circonstance, mais le 3 novembre 1678 le roi lui « en donne un pour régler ses affaires particulières. »

Comment de loin tenir une compagnie en bon état? Aussi M. de Chazerat cherche à s'en débarrasser; il s'est adressé à Louvois qui doit autoriser la vente; mais la vente des compagnies va être défendue. « Traitez dès à présent, dit le ministre, le 29 juin 1679, en stipulant la conservation ; ce qui sera, si elle est bien établie. »

Et elle ne l'était pas ; car, dès le 19 juillet 1679, le ministre écrit de nouveau : « Le roi a appris que votre compagnie de Navarre dépérissait. Vous ne pouvez y servir à cause de l'emploi que vous avez dans les fortifications. Sa Majesté a ordonné que dorénavant la paie de capitaine soit remise à votre lieutenant, afin qu'en votre absence, il fasse les réparations nécessaires, et la maintienne en bon état. Mais le lieutenant vous rendra compte de ce qu'il aura touché de paie et de ce qu'il aura employé. » M. de Chazerat reste capitaine, mais *in partibus* ; il n'a plus qu'un titre, et ne retient aucun avantage : singulière organisation !

Une lettre datée du 4 décembre 1679 de Saint-Germain montre en quel état est la compagnie de Navarre ; elle n'a que 30 hommes ; Louvois s'en est informé, mais il ne l'a pas dit au roi « qui aurait pris une résolution contre vous ; rétablissez-la afin que je sois en état de vous rendre de bons offices auprès de Sa Majesté. » La rétablir, c'était la compléter, l'armer, l'habiller, la discipliner, lui faire faire figure. « Il y a même des soldats à changer ; si vous ne la rendez beaucoup meilleure qu'une autre, le roi en disposera (1). » Voilà le grand mot lâché ! Louvois estime M. de Chazerat, mais, pour le ménager, il ne s'arrêtera pas dans la réforme de l'armée. — En vain M. de Chazerat s'excuse. « Vous faites de beaux raisonnements, répond Louvois, mais cela ne rend pas votre compagnie meilleure. Prenez des mesures pour qu'elle soit telle que le roi le désire, autrement, je le répète, il en disposera. »

Louvois fait un grand cas de M. de Chazerat, mais il n'hésite pas à lui faire entendre la vérité et parfois avec sévérité. Dans une lettre datée de Fontainebleau, 28 juin 1680, il lui reproche de n'avoir pas envoyé l'état mensuel des ouvriers et des chevaux employés : « Je suis surpris qu'il faille si souvent vous répéter la même chose, c'est ce qui m'oblige à vous dire pour la dernière fois qu'il faut que vous exécutiez plus ponctuellement à l'avenir les ordres que l'on vous donne, étant honteux que je ne puisse pas remettre au roi le susdit

(1) Saint-Germain, 16 janvier 1680.

état par l'inapplication que vous avez à m'en rendre compte. » Il lui enjoint en 1682, 23 décembre, de ne pas parler par énigmes : « Il faut que vous vous expliquiez clairement, si vous voulez que j'en profite pour le bien du service du roi, et il sera bon qu'une autre fois, vous ne tombiez pas dans cet inconvénient. » Et ailleurs : « Je ne puis vous faire connaître les intentions du roi avec l'obscurité de ce que vous m'écrivez. »

Il connaît les défauts de son caractère et le 17 septembre 1680, de Versailles, il lui écrit : « Je ne vois pas par les nouvelles qui me viennent de gens qui n'ont aucuns rapports avec les entrepreneurs d'Ypres que vous vous soyez corrigé de vos emportements, sur quoi je suis obligé de vous dire que si Sa Majesté reçoit davantage de ces plaintes, elle chargera de votre emploi quelqu'un qui sera plus sociable que vous, c'est le dernier avis que vous recevrez de ma part, dont je vous conseille de profiter. » M. de Chazerat, ému de ce ton, feignit de ne pas comprendre ; dès le 27 du même mois, Louvois insiste : « Je ne vous conseille pas de vous relâcher en rien de toutes les conditions du marché des entrepreneurs d'Ypres, mais bien de vous abstenir d'avoir des emportements qui ne servent de rien au service du roi et qui font que personne ne peut compatir avec vous. »

Toutefois son estime et sa bienveillance sont restées très vives; la dureté même des reproches le prouve — et d'autre part, il va jusqu'à se déclarer son très affectionné serviteur dans une lettre curieuse qui est peut-être de la main de Louvois, et qui, très confidentielle, recommande une ordonnance du 9 février 1673 sur les rondes dans les places qui ne sont pas assez strictement exécutées: « Votre charge en répond, ce à quoi je vous conseille de veiller. » La rigueur de ces expressions, il l'adoucit par la formule finale (1).

Louvois s'occupe même des intérêts financiers de M. de Chazerat (Fontainebleau, 26 octobre 1682). Il lui reproche de vouloir vendre sa majorité de Valenciennes ; il

(1) Louvois est en effet très dévoué à M. de Chazerat. A la fin de 1680, M. de Chazerat avait demandé à échanger son commandement à Ypres contre le gouvernement de Bitche; mais ce dernier n'était pas vacant, autrement Louvois l'eût demandé au roi. Voici la lettre du ministre du 14 janvier 1681 : « Le sieur de Mantille se portant fort bien, le gouvernement de Bitche n'est point vacant et ainsi je n'ai point eu occasion de le demander pour vous à Sa Majesté. »

demande de cette charge 24,000 liv.: « Vous n'entendez guère vos affaires de donner pour ce prix un établissement pareil. D'ailleurs, une charge dont vous n'êtes pourvu que pour trois ans ne se vend pas. » Le titre de major était-il donc précaire? donné à temps? et ce temps fini, tombait-il? Dès lors le directeur des fortifications d'Ypres ne pouvait compter que sur son grade de capitaine. Le roi cependant consentit à ce qu'il vendît la majorité de Valenciennes, et voulut bien agréer un sieur de Ville. Louvois lui en donne avis le 14 mars 1683, et lui permet de conclure le traité ; et dès le 23 avril (il ne perdait rien de vue), il s'étonne de n'avoir pas appris que le traité est définitif.

Quand il appelle près de lui M. de Chazerat, Louvois le fait voyager en poste : d'Ypres à Versailles, le voyage était alors pénible et demandait cinq jours. Il a la même attention pour un agent d'Ypres, et il recommande qu'on lui donne une voiture douce. Il s'informe des appointements du directeur, et il saura les faire augmenter suivant les services et « en considération de votre application et pour vous convier à les continuer, le roi les fixe à 200 liv. par mois (1674) ; montrez ma lettre à l'intendant Le Boistel de Chatignonville qui paiera. »

M. de Chazerat, très laborieux, très ardent dans son service, se fatigua enfin. En février 1685, il avait été obligé de prendre un congé et de soigner sa santé ; en 1688, il demanda sa retraite par l'entremise de Vauban. Louvois lui en marqua tout son déplaisir le 5 mars, en lui annonçant que Sa Majesté a trouvé bon « de lui accorder 400 écus de pension chez lui » : 1,200 liv. de retraite pour un directeur de fortifications ! Il est vrai que cette somme valait alors bien plus qu'aujourd'hui ; elle est toutefois modeste, bien modeste. Louvois donne à M. de Chazerat pour successeur un sieur de Caligny, auquel il remettra les plans, les profils, les mémoires, etc., mais, le 20 mars, il le prie « d'achever, avant de partir d'Ypres, les profils, développements et estimations qu'il a demandés et le traité général des ouvrages qui ont été faits l'année précédente à cette place. »

CHAPITRE II

Rôles du roi Louis XIV, de Louvois et de Vauban dans la défense des frontières.

Si nous nous sommes arrêté si longtemps sur la vie de M. de Chazerat, c'est qu'elle nous semble pleine d'enseignements. Elle nous montre bien ce qu'était au XVIIe siècle un officier du génie. Est-ce tout? il s'en faut bien, et M. de Chazerat disparaît bien vite derrière trois grands personnages dont les noms reviennent sans cesse, qui sont comme le fond même de la correspondance ; le roi Louis XIV, Louvois et Vauban. Aucun autre document authentique ne nous les présente dans un jour plus vrai et qui dissipe plus sûrement bien des obscurités et bien des erreurs.

Que n'a-t-on pas dit sur les ministres de Louis XIV? en les exaltant on a diminué le roi ; et ce ne sont pas seulement les ministres que l'on a exaltés, mais les généraux, les maréchaux, les ambassadeurs et même des chefs de service. De Louvois et de Vauban, entre autres, on a avancé qu'ils étaient les maîtres. Cette opinion s'est accréditée et bien qu'elle ait été souvent réfutée, elle a toujours obtenu quelque créance ; elle renaît, pour ainsi dire, de ses cendres. Louvois nous fournit des armes contre elle. On ne peut, après avoir lu ses lettres, lui sacrifier le roi, de même qu'on ne peut sacrifier Louvois à Vauban et porter sur ce dernier tout l'honneur des fortifications des places du Nord. Chaque personnage reprend sa vraie place.

S'il est un roi qui ait été persuadé qu'il était le maître, le seul maitre dans ses états, c'est bien Louis XIV. Quand, à la mort de Mazarin, il prit en main le gouvernement, il déclara à ses ministres assemblés que désormais chacun s'adresserait à lui ; il prit la résolution de tout voir, de tout connaître ; il se contraignit à travailler six et même huit heures par jour. La cour rit à cette nouvelle et la reine-mère, Anne d'Autriche, fit comme la cour. Il fallut bien cependant la prendre au sérieux quand on vit chaque jour les conseils se succéder ; et ils se succédèrent ainsi sans interruption, sauf en cas de maladie, pendant 54 ans. Louis XIV pensait et disait que le gouvernement d'un peuple exige un esprit de maître ; au roi seul appartient toute décision ; il n'a qu'à écouter sa raison, et si cette raison semble se taire, il n'a qu'à écouter cette voix intérieure que Dieu fait entendre dans son cœur. Cette confiance religieuse fait d'un roi un prophète et transforme la monarchie en une sorte de théocratie dont Bossuet a composé le code, et dans laquelle il n'y a pas place pour les directions extérieures.

Mais ce roi qui annonçait une prétention si haute, n'a-t-il jamais subi une direction ? L'histoire prouve le contraire ; il est certain que trois personnages ont exercé successivement sur lui beaucoup d'influence, Lyonne, Louvois et Mme de Maintenon et ont successivement donné à son règne un caractère différent, Lyonne par son habileté diplomatique, Louvois par son entente des affaires militaires, et Mme de Maintenon par ses scrupules religieux et la rigidité de sa conscience. Mais il n'en a pas moins été lui-même et toujours lui-même ; depuis le premier jour de son règne jusqu'au dernier, les tendances de son gouvernement n'ont pas varié; elles ont pu fléchir de moment en moment suivant les circonstances, mais elles se sont toujours redressées; la marche uniforme du règne vient du roi et du roi seul.

Lui reprochera-t-on d'avoir reconnu le mérite et même le génie des hommes qui surgissaient auprès de lui et de les avoir employés? Il savait les reconnaître et les mettre en lumière; il en obtenait pour sa gloire et le bien du royaume tout ce qu'ils pouvaient donner; son tact était délicat et sûr; il s'est trompé parfois, mais rarement et seulement vers la fin de son règne moins féconde en beaux caractères et en beaux talents. De ce qu'il a laissé une libre carrière à des hommes comme Lyonne et Louvois, est-ce à dire qu'il était mené par eux? Il eut même toujours la crainte d'être mené; il se tenait sur ses gardes. Un historien de la plus haute valeur a dit que pour le mener il fallait avoir plus d'esprit que lui, et lui-même avait assez d'esprit pour reconnaître le frein qu'on lui imposait et pour le secouer. Il se dressait, a dit Saint-Simon, et donnait des saccades; il échappait à la main qui croyait le tenir.

Nul n'a été son maître. Louvois, dans ses

lettres, ne parle qu'au nom du roi, le met sans cesse en avant. Je sais bien que l'on pourrait dire que ce n'est qu'une formule que le ministre emploie, un moyen de faire sentir l'autorité à ceux qui sont au-dessous de lui, de les soumettre, de rompre en eux toute résistance. Le roi n'est rien, dira-t-on, le ministre tout; mais le nom du roi donne à sa volonté, à ses ordres, une portée décisive.

C'est ce que je ne puis croire. Avec un roi qui écoutait si bien et qui parlait si peu, qui, après réflexion, exprimait en un mot sa résolution, quel ministre était sûr de l'avoir entraîné? De ce que la pensée du ministre prenait force d'arrêt et parfois de loi, était-ce une raison pour que le roi n'eût pensé qu'après le ministre et non pas avant lui? Louvois proposait, concluait, mais Louis avait peut-être conclu avant lui; qui assurerait le contraire? Et souvent n'était-il pas opposé aux raisonnements les plus pressants? On n'était jamais sûr de vaincre avec lui, et c'est le plus bel éloge qu'on puisse en faire.

Laissons donc à chacun sa part; Louvois fut un excellent serviteur, je ne dirai pas commis, comme l'abbé Siry, et c'est bien assez pour sa gloire.

Que de preuves les lettres nous fournissent ! Est-il question de l'avancement de M. de Chazerat, le ministre mettra sous les yeux du roi l'état de ses services, car le roi veut tout apprécier lui-même. Une nomination d'officier, est-ce un sujet digne de l'attention royale ? Sans doute ; n'est-ce pas un anneau de cette grande chaîne qui relie toutes les forces du royaume, et un anneau brisé compromet toute la sûreté. Rien n'est petit pour l'œil d'un roi, pas même une vente de grade, un changement de résidence ; il reconnaît le mérite et lui assigne la place qui lui revient.

Les mouvements des troupes, le roi les arrête lui-même ; en août 1670, il ne veut pas laisser un trop grand nombre de soldats dans les campagnes, il les envoie à la frontière, et pour qu'il n'y ait pas de désordres, qui choisit-il pour les faire accompagner ? Louvois lui-même, qu'il remplace momentanément au ministère par son père Le Tellier.

En octobre 1671, on s'est aperçu que dans les travaux du fort de la Scarpe à Douai, l'entrepreneur n'a pas exécuté fidèlement les contrats : on a fait des trous dans les revêtements des murs et on a vu qu'il a employé des briques et non des parpaings ; il a été mis en prison par ordre d'un subdélégué de M. de Souzy ; Louvois reconnaît que c'est de toute justice, mais le roi intervient, il ne veut pas qu'il soit châtié par la voie de la justice, et ordre est donné à M. de Chazerat de le faire mettre en liberté, mais « de lui rabattre autant de toises sur l'ouvrage effectif qu'il aura fait, comme il en voulait faire passer de plus à Sa Majesté, si sa tromperie avait eu lieu. »

Le roi suit avec attention les travaux de fortification. Dans la campagne de Hollande, 4 avril 1673, il n'ordonne pas les dépenses prévues à Arnheim, car « il n'y a pas d'apparence que les Hollandais soient en état de venir l'attaquer. » Sur le Rhin, à Brisach, il décide lui-même, 28 novembre 1673, « de la façon dont les transports de terre seront effectués; ils ne seront pas considérables et l'on peut se servir de bourriquets. La terre provenant du fossé sera portée sur la contrescarpe, sauf à prendre dans la place celle nécessaire pour le rehaussement des bastions lorsque l'on voudra le faire. » Dira-t-on que le ministre faisait parler le roi, que ces détails sont trop minimes pour que Louis XIV s'en occupe ? Erreur, le vrai chef d'Etat ne dédaigne rien, ne laisse rien échapper.

S'agit-il d'entrer en campagne? Le roi veut avoir un état certain (3 m rs 1674) des fortifications des places confiées à M. de Chazerat; il veut savoir ce qui a été fait sur les travaux projetés, ce qui reste à faire, et le ministre ajoute : « afin que, s'il est nécessaire, je puisse vous envoyer encore les ordres de Sa Majesté avant son départ. » Quoi de plus concluant? Quant aux paiements des travaux, il n'en est pas un seul qui soit fait sans l'assentiment du roi, pour les grosses sommes comme pour les plus petites : et cela se présente à chaque instant, soit pour 1,212 livres 10 sols attribuées à une caserne de Gravelines (14 février 1675), soit pour des centaines de mille livres attribuées à Ypres.

Les plus minces réparations à des brêches, à des batardeaux, à des levées, à des écluses, à des canaux, à des rigoles, le roi les ordonne lui-même. A plus forte raison sa volonté se manifeste quand il s'agit du fort Louis de Dunkerque (16 février 1677), et d'un grand bassin de « six-vingts toises qui doit en parfaire la sûreté », et de la redoute de Gravelines (11 septembre 1677) « qui, en forme de demi-lune et pourvue d'un revêtement à l'épreuve du canon, serait placée sur la prolongation de la ligne capitale du bastion de la reine et serait autant avancée à la campagne qu'elle se pourrait être en conservant toujours la défense du mousquet des contrescarpes des demi-lunes de Nieuport et de Piedmont. » Et toujours, comme à Bergues, 4 novembre de la même année, il maintient énergiquement ses ordres et ne souffre pas qu'on en dévie. Il fixe les époques où chaque ouvrage doit être terminé; aucune voie, aucun moyen ne lui est inconnu; il va jusqu'à dire: « Contournez tel enclos, ne le traversez pas. »

Une question qui préoccupe particulièrement le roi et qui revient à chaque instant, c'est celle des inondations qui, en cas de siége, doivent couvrir les environs des places, inondations artificielles, obtenues au moyen de réservoirs établis dans les lieux élevés et de digues autour des plaines avoisinantes. Rien n'était alors plus efficace pour tenir l'ennemi à distance et le gêner dans les travaux d'approche. Mais les paysans rompent souvent les digues; il faut les châtier. On comprend qu'ils veuillent dessécher les terres afin de les cultiver; mais la sûreté du royaume est plus forte que tout intérêt particulier;

il sera juste de les indemniser, s'ils ont toutefois respecté les ordres royaux.

Les officiers ne sont pas plus ménagés que les paysans. Le roi ayant été averti qu'il a été pris des palissades aux environs des fortifications d'Ypres, il enjoint à Louvois d'écrire à l'intendant, M. Le Boistel de Chatignonville, et de lui annoncer que « sa volonté est que tout ce qu'il y a de perdu soit payé aux dépens des appointements de l'état-major, sauf au lieutenant du Roi d'avoir recours contre ceux qu'il découvrira qui seraient coupables. » Cette responsabilité bien établie mettait en éveil la conscience des officiers et leur imposait une vigilance continuelle. Le Roi payait bien, mais tenait à ne pas être trompé. On voit par une lettre du 2 décembre 1681 avec quel soin il se faisait rendre compte de l'emploi des fonds envoyés dans les places de guerre; il exige les mémoires, les états précis et complets; il les examine, les collectionne; il les conserve; par les anciens, il contrôle les nouveaux, il sait à un sou près ce que chaque ouvrage a coûté; comment dès lors présenter sous ses yeux des projets et des devis erronés ?

Le Roi veut être obéi par les plus petits

comme par les plus grands; Louvois donne l'exemple: le 24 juillet 1674, de Saint-Germain, il écrit, au sujet des ouvrages d'Ypres, ville de nouvelle acquisition où tout était à faire, « que bien que M. de Vauban ait envoyé le plan des ouvrages à faire, la somme étant pour cette année excessive, il a besoin d'un ordre du Roi. Il est à croire qu'il en retranchera une partie. Donc, ne pas s'engager en dehors de la demi-lune qui couvre l'ouvrage à corne de la citadelle et différer le reste. » Partout et toujours il met en avant les intentions du Roi et, au sujet d'Ypres, il les exprime en toute circonstance avec une netteté et une précision qui ne laissera aucun doute; arrêtées en conseil, elles étaient notifiées sans retard. C'est ainsi que le 29 novembre 1676, les résolutions prises au sujet de la redoute de Zillebeke, des cornes d'Anvers et d'Elverdinghe, des bastions de la basse ville et des courtines qui doivent les joindre sont envoyées en même temps et à M. de Vauban qui a fait les plans et à M. de Chazerat qui doit les exécuter.

Aucun détail n'est étranger au roi Louis; il s'inquiète de la qualité de la chaux, comme de la solidité des parpaings et de la bonne fabrication des briques. « On s'est servi à la corne d'Elverdinghe de chaux de mauvaise qualité ou du moins mal fusée; le Roi veut qu'à l'avenir on emploie de la chaux de Warneton, et que toute celle qui ne se fondra pas bien à l'eau et qui restera en rigauts dans les bassins soit jetée sans être employée dans les mortiers. » C'est ainsi que la main royale se faisait sentir énergique et puissante même dans les plus petites choses; et partout, comme un mot d'ordre, se répandait cette injonction si forte et si entraînante: « que chacun se conforme à l'intention de Sa Majesté. » (21 avril 1681). Les noms même donnés à des bastions ne lui sont pas indifférents; le Roi les choisit dans sa famille ou ailleurs, mais toujours grands et illustres, afin de frapper l'esprit des populations.

La rigueur à l'égard des entrepreneurs est un des traits saillants de notre correspondance. Le Roi les enferme strictement dans les termes de leurs marchés; il n'admet pas leurs réclamations; il fait écrire à M. Desmadrys qui leur a fait fournir des charrois: « C'est à eux à se pourvoir de voiture ou à payer le prix qu'il faut pour en avoir. » Il ne comprend pas que les dépenses dépassent les prévisions. Les entrepreneurs sont responsables; on les arrête, on les met en prison; ils n'en sortent qu'après achèvement complet et liquidation de leurs engagements, ou quelquefois par faveur quand il est à penser, au moment où se préparent de nouveaux marchés, que les entrepreneurs coupables seront encore plus sincères et plus solvables que d'autres qui font des offres nouvelles. Ils fournissent des cautionnements et leur fortune répond de leur probité et de leur vigilance.

Une discipline enfin sévère est appliquée aux soldats que l'on tire des régiments et que l'on emploie comme tailleurs de pierre, maçons, charpentiers. Ils sont bien payés ; ils reçoivent 18 sous sur les 23 que les entrepreneurs touchent par homme ; ils doivent donc bien travailler. Des officiers sont chargés de les contenir et de faire en sorte que le travail aille vite ; ils sont eux-mêmes responsables. « Si quelque officier, dit Louvois, le 25 octobre 1682, ne s'applique pas suffisamment, l'intention de Sa Majesté est qu'il soit arrêté et que l'on me mande son nom. Sur le compte que je rendrai à Sa Majesté, elle le fera punir pour apprendre aux autres à mieux s'acquitter des choses commandées. »

Un point important, l'armement des places, est l'objet d'une grande attention. Le roi tient à ce que les canons soient de bonne qualité ; il ne veut pas de canons de fer qu'on pourrait acheter tout faits, mais qui seraient d'un mauvais usage, et, par son ordre, 26 février 1684, Louvois enjoint à M. de Chazerat « de ne pas donner son argent aux gens dont il est parlé. » La défense touche à l'armement et l'on voit quel soin est apporté aux chemins couverts qui abritent, en cas de siége, les soldats et aux souterrains qui leur permettent de tirer à l'abri. C'est la mise en pratique de l'axiome alors célèbre : « Faire à l'ennemi tout le mal possible et n'en pas supporter. »

Est-il utile de multiplier à l'infini les preuves de l'action du roi qu'à tant de reprises nos lettres attestent ? Nous ne le croyons pas. Nous nous arrêterons après avoir montré avec quel esprit de décision et de clairvoyance il se prononça dans une circonstance solennelle entre Vauban et le chevalier de Clerville.

M. de Clerville était considéré comme le premier ingénieur de son temps et Vauban, qui fondait par un labeur opiniâtre sa réputation qu'il faisait modeste, s'était souvent appelé lui-même « le diacre de M. de Clerville. » Le diacre avait, toutefois, montré ce qu'il était pendant les siéges de Tournay, de Douai et de Lille; il les avait conduits sous les yeux du roi et de Louvois. Il s'était relevé d'une accusation que Colbert avait portée contre lui, en 1665, au sujet des travaux de Brisach et, grâce à Louvois, il avait fait condamner un entrepreneur infidèle. Le roi prenait Vauban en estime et quand il résolut de fortifier Lille, il fit appel à ses talents. Il ne put, toutefois, écarter Clerville et les deux ingénieurs furent menés dans la place par le maréchal d'Humières; et tous deux exposèrent leurs idées et tracèrent leurs plans. Le roi donna raison à Vauban et, pour consoler Clerville, il lui permit de planter quelques piquets qui ne servirent à rien. La lutte se renouvela à Arras, à Nieuport; Vauban encore triompha. Le roi vit en lui, et avec raison, l'homme supérieur, l'ingénieur de génie qui devait faire de la France une forteresse impénétrable.

Du moment qu'il est bien établi que le roi est le maître et le vrai, et le seul maître, Vauban, quel que fût son génie, n'est qu'un serviteur, et nous irons plus loin, ce n'est pas seulement du roi qu'il est le serviteur, mais du ministre Louvois. Nous avons, du reste, son propre témoignage ; nous le trouvons dans une lettre qu'il a écrite à Louvois : « Je sais mon devoir, aux règles duquel je m'attache inviolablement, mais encore plus que j'ai l'honneur d'être votre créature, que je vous dois tout ce que je suis et que je n'espère qu'en vous. » L'expression de créature est même bien plus forte que celle de serviteur que nous employons. Elle n'avait sans doute pas, au XVIIe siècle, le sens fâcheux que nous lui attribuons ; mais elle marquait, toutefois, une soumission absolue, une véritable humilité et une profonde reconnaissance qu'expliquent bien clairement les mots qui la suivent. Vauban n'a jamais été entre les mains de Louvois que l'exécuteur de ses ordres ; mais, hâtons-nous de le dire, un exécuteur illustre, qui lui-même inspirait des conceptions et les plus hautes ; il a eu le génie des fortifications ; Louvois était capable de le comprendre et il l'a compris ; seul, Louvois n'eût peut-être pas conçu la ceinture du nord de la France, mais sans Louvois, Vauban ne l'eût pas faite.

Ce qui a pu égarer de nombreux esprits et de très bons, c'est le renom du grand ingénieur, éclatant en son temps, et plus encore peut-être dans le nôtre. Mais ce renom ne doit pas faire tort à celui du ministre. Qui a deviné Vauban? Qui a découvert l'homme qui sera un jour éminent dans le modeste officier, à peine capitaine, qui sait remuer des terres, disposer des fossés et croiser des murs? Qui a compris tout de suite l'avantage qu'il y avait à faire descendre les forteresses dans la terre, au lieu de les élever au-dessus d'elle? Qui a compris la force de ces remparts, où nul point n'est isolé, où chaque point est soutenu par l'artillerie et la fusillade de deux autres points, de plusieurs même? Qui a compris l'utilité de la concentration des projectiles de la défense opposée à la concentration des projectiles de l'attaque, si ce n'est Louvois? Qui, en même temps, a compris que perfectionner la défense des villes françaises n'était pas tout pour la France, qu'il fallait encore perfectionner l'attaque des villes ennemies, prévoir aussi chez elles la concentration des feux et les annuler? Qui a compris la puissante protection des lignes parallèles qui dérobaient les travailleurs aux yeux des assiégés et contraignaient ceux-ci, dans l'ignorance où ils étaient de la position exacte des soldats dont les coups de pioche se faisaient entendre sur un terrain relativement étendu, à disperser leur artillerie et à en affaiblir les effets, si ce n'est Louvois ?

En 1665, Vauban aurait pu être écrasé sous la main de Colbert. Nous avons déjà fait allusion à des malversations qui avaient été commises à Brisach, et dont Vauban avait été accusé. Un parent de Colbert, un cousin, déposait contre lui. Colbert n'hésite pas et poursuivit l'ingénieur incriminé. Louvois s'intéressa à lui, par rivalité peut-être contre son collègue, et le sauva. De là, entre ces deux hommes, dignes de se comprendre, une amitié qui ne se démentit jamais. Le cœur de Vauban, aussi grand que son génie, s'emplit d'une reconnaissance qui se répandit pendant toute sa vie sans s'épuiser ; il la proclama sans cesse et fit bien.

Du reste, Vauban ne fut pas dès l'abord employé sur toutes les frontières ; bien que ministre de la guerre, Louvois ne les tenait pas toutes sous sa direction. L'administration avait alors de singuliers errements ; on aurait compris que les frontières maritimes fussent entre les mains du ministre de la marine, mais comment se faisait-il que les frontières de terre ne fussent pas toutes dans les mêmes mains ? Elles étaient partagées entre les quatre secrétaires d'État ; le département des affaires étrangères, des étrangers, comme on disait alors, retenait la Bretagne et la Provence ; le département des affaires religieuses, la Guyenne, attribution qui étonne et qui ne s'explique que par l'usage et la tradition ; Colbert, ministre des finances, avait la Picardie, la Champagne et les trois Évêchés ; Louvois ne possédait que l'Artois, le Roussillon et le Dauphiné; encore Colbert, étant non-seulement ministre des finances, mais ministre de la marine, gardait-il les places maritimes des deux premières provinces de Louvois; il avait le côté de la mer. C'était une cause de dissentiment constant ; les ingénieurs de la marine ne s'entendaient pas avec les ingénieurs civils, nous ne dirons pas militaires, puisque le génie militaire n'était qu'en formation.

La part de Louvois devait s'accroître par les succès de la guerre qui lui donna, en 1667 la Flandre, en 1672 la Lorraine et l'Alsace, et en 1674 la Franche-Comté, et aussi par les extinctions des titulaires des autres départements ; la mort de Lyonne lui mit aux mains la Bretagne et la Provence, celle de Colbert, le reste de la France. L'adjonction de la Guyenne passe inaperçue.

C'est en Artois, c'est en Flandre, que Vauban fit d'abord ses grands travaux qu'il étendit ensuite au reste des provinces conquises ; de Lille il alla à Besançon puis à Strasbourg. Il commandait et en même temps il obéissait : ne fallait-il pas une direction générale ? une unité d'action ? et qui pouvait mieux l'imprimer que Louvois ? Cette obéissance et cette soumission à un ministre d'une si grande intelligence et d'un caractère si haut n'étaient point, pour le génie de Vauban, des entraves.

Vauban ne pouvait être sur tous les points en même temps ; il était l'organisateur des défenses et il en était en même temps l'inspecteur ; en demandant la création d'un corps de génie, il demandait à en être lui-même le Martinet, s'appropriant le nom de ce grand inspecteur des armées, de nouvelle institution lui-même. Le ministère était le centre non-seulement des ordres, mais des études ;

tous les plans y arrivaient, et Louvois seul le plus souvent décidait et faisait faire ; il n'attendait pas Vauban pour savoir ce qu'il fallait arrêter ; il ne le négligeait jamais quand il l'avait près de lui, mais il pouvait s'en passer ; et le 7 avril 1672, il écrit à M. de Chazerat de faire un dessin « sans attendre celui de M. de Vauban dont vous ne pouvez avoir si tôt des nouvelles ». Mais ce même dessin, le 19 avril, il l'envoie à M. de Vauban « pour décider » ; il ordonne même à M. de Chazerat d'aller trouver M. de Vauban à Lille « pour y prendre les ordres et s'y conformer ». Les envois de dessins, de plans et de mémoires sont constants pendant la première année de la guerre de Hollande et au sujet même des places occupées. Il en est de même quand, rentré en France, M. de Chazerat est chargé des travaux de Gravelines ; Vauban les a conçus et arrêtés, mais Louvois exige les plans, les profils et les mémoires avant d'accorder l'ordonnancement.

La vie d'un directeur du génie est un voyage permanent ; le 18 mai 1677, M. de Chazerat est à Dunkerque pour rectifier des profils ; et en juin à Bergues, à Dunkerque encore, à Gravelines et à Calais, même à Saint-Omer ; il voit tout et le roi décide. Il propose de consacrer (11 sept. 1677) 50,000 livres à un ouvrage de Gravelines, à la corne de la porte de Neuport ; le travail est considérable et il souhaite que le roi ne s'en effraie pas. S'il exige que pour chaque place il soit fait des plans détaillés et même des plans en relief, c'est pour les envoyer au ministère où lui-même saura les consulter.

Ypres surtout l'occupera ; tout est à faire ou à refaire, les ouvrages, leurs revêtements ; Vauban a envoyé les projets; Louvois les fait examiner par M. de Chazerat, tout en l'autorisant à commencer les travaux. Le 29 novembre 1679, il lui adresse le double d'une longue lettre qu'il a écrite à M. de Vauban, afin qu'il sache bien ce qui a été arrêté et que, tout en obéissant à son chef, il agisse de concert avec le ministère.

Le 17 septembre 1680, il l'avise qu'il aura à s'entendre avec M. de Vauban au sujet des redoutes d'Ypres et de la porte de la partie basse de la ville ; mais il ajoute « que l'architecture doit être simple et de la moindre dépense que faire se pourra ». Alors même qu'il est le plus confiant, Louvois ne cesse d'exercer une surveillance active, laissant seulement « à l'arbitre de M. de Vauban l'emploi des terres superflues provenant des excavations. » On ne peut dire qu'il contrôle Vauban par Chazerat, mais il est certain qu'il ajoute un grand prix aux observations de l'officier, tout en maintenant l'opinion du maréchal ; et quand il fait contrôler Chazerat par Vauban, il envoie cependant encore au premier, le 20 juillet 1680, 40,000 liv. pour commencer les travaux et sans attendre le courrier qu'il a dépêché au second.

Louvois, dans son estime pour Chazerat, lui accorde une sorte d'indépendance. Le 10 août 1680, sans doute, il ne lui permet pas d'employer une terre que Vauban veut garder pour un ouvrage à corne ; il lui dit d'attendre que Vauban ait passé sur les lieux et « ait donné avis à Sa Majesté du peu de dépenses qu'il faut faire pour y faire une tenaille gazonnée »; mais le 26 novembre 1682, il lui enverra copie des profils et mémoires de Vauban et le chargera de les examiner à loisir ; il lui recommandera de faire attention à la lunette du bastion que certainement le roi n'approuvera pas.

Le 2 janvier 1685, Louvois exprime une désapprobation très marquée au sujet d'une rupture à faire dans la chaussée de Reninghelst, mais le roi le blâme et approuve la rupture; il n'y a qu'à se soumettre (14 avril 1685) ; du reste, avec l'approbation du roi, tout devient facile, les fonds arrivent, les entrepreneurs et les ouvriers sont payés, tout marche, tout s'agite, à la lenteur succède l'activité la plus vive.

Louvois use toujours de ménagements : nous en avons encore la preuve au sujet d'une porte d'Ypres et de l'ouvrage à corne d'Elverdinghe, au sujet d'une chaussée qu'a endommagée le battement du flot de l'étang de Dickebusch. Il a l'avis de Vauban, mais il fait observer à Chazerat « que dès qu'il y a un gazon de moins à de pareils ouvrages, il faut toujours le faire remettre sans attendre d'ordre ». Tout en respectant Vauban, il tenait à ne pas contrarier l'initiative des agents inférieurs ; ils étaient souvent et longtemps seuls ; le 7 janvier 1684, Louvois dit « qu'il se pourrait faire que Vauban ne passât pas de sept à huit mois à Ypres ».

Nous avons une lettre de Vauban lui-même, datée de Paris, du 2 mars 1688, et le rôle que nous lui assignons y est nettement expliqué. Il écrit à M. de Chazerat, il lui marque sa confiance, son estime, son affection ; il se repose sur lui : « voyez à travailler à loisir ». Il renvoie des plans qu'il a bien revus ou fait revoir, car, évidemment, il avait des commis et des bureaux ; il s'agit des défenses entre les portes de Messines et de Lille ; il lui recommande les souterrains qu'il peut placer où il propose, il enverra du reste les instructions nécessaires et « si cela ne suffisait pas, en me le faisant savoir, je répondrai à tout ce que vous me demanderez ».

Cette lettre est affectueuse. Vauban promet à M. de Chazerat de soutenir ses intérêts auprès du ministre et il termine par ces mots : « Je serai toujours, de tout mon cœur, tout à vous ». Quelle marque d'estime ! et elle est renouvelée, car la lettre a un *poscriptum* avec cette fin : « Je suis derechef tout à vous ».

Cette lettre honore celui qui l'a reçue et celui qui l'a écrite; la bonté s'y révèle, et comme la bonté plaît quand elle accompagne le génie !

Nous pourrions dire qu'aujourd'hui le génie de Vauban nous protège encore. Son système, modifié par les progrès récents de l'artillerie, est encore la base de notre défense. Il consiste, en effet, « dans un ensemble d'ouvrages assez rapprochés les uns des autres pour que les intervalles ne soient point exposés. Chacun de ces ouvrages est assez fort et assez bien approvisionné pour imposer à l'ennemi l'obligation d'un siége, assez petit pour ne demander qu'un nombre restreint de défenseurs. L'ennemi ne peut passer et il est contraint dès lors d'attaquer les grosses forteresses sur lesquelles s'appuient les petits ouvrages ».

Ainsi parle le colonel Hennebert. Vauban avait établi une frontière de fer au nord de la France pour assurer les conquêtes de Louis XIV ; Dieu veuille qu'à l'est la France soit de nos jours aussi impénétrable !

Si nous nous sommes bien fait comprendre, nous pouvons dire, en concluant, que la situation des trois grands personnages qui nous ont occupé est vis-à-vis l'un de l'autre bien établie. Le roi est le maître, le souverain, toujours obéi, connaissant par un travail assidu de tous les jours, les affaires de son royaume, les dirigeant lui-même, prenant dans les petites comme dans les grandes des décisions efficaces, ayant en tout le dernier mot, le mot suprême qui termine toutes les discussions, toutes les délibérations, donnant l'ordre qui exclut toute hésitation, qui se transmet et sans retard s'exécute. Ce souverain puissant par lui-même, par son caractère, par son intelligence, par sa volonté, est bien servi par les hommes qu'il choisit ; il a le talent de les bien connaître, de les bien employer et il fait tourner toutes leurs qualités à la grandeur de la France, à sa propre grandeur. Il les comprend et sait à propos les laisser agir ; ce qu'ils conçoivent justement, il l'adopte ; il ne repousse pas ce qui vient d'eux, loin de là, mais toutes leurs pensées, tous leurs desseins, il les fait siens en les approuvant ; il a lui-même assez de force pour les rectifier, s'ils ne sont pas tels qu'il les conçoit lui-même, pour les changer, même pour les repousser. C'est ainsi que restant roi, il n'a eu que des ministres, mais de bons ministres, et c'est un de ses grands mérites de s'être laissé seconder par eux dans la mesure de leurs talents et parfois de leur génie. On pourrait dire qu'il ne s'est jamais trompé dans ses choix, car, à de certains moments, ce sont les hommes qui lui ont fait défaut et non lui-même. Quel chef d'État, quelque intelligent qu'il ait été, a pu jamais créer par sa seule volonté, par sa seule inspiration, de grands esprits ? Louis a-t-il jamais omis de les attirer à lui dès qu'il les a reconnus ? Peut-on citer un homme d'élite qu'il n'ait placé à ses côtés ? N'a-t-il pas pris Torcy qui, par sa sagace direction des affaires étrangères, par son habile et féconde diplomatie, par le maniement délicat des opinions et des intrigues qui se partageaient l'Europe ennemie de la France, par la conduite sûre des négociations les plus épineuses, serait aussi célèbre que Lyonne si les temps eussent été plus heureux ? N'a-t-il pas pris Villars qui, à Denain, nous a sauvés, qui a donné au Roi la satisfaction qu'on aurait cru perdue, de mourir victorieux ?

Il n'a jamais eu de maître, quoi qu'on ait dit. Vauban était un grand ingénieur, mais il agissait sur un ordre, et cet ordre, il l'obtenait après avoir porté, par son intelligence, son génie, qu'on ne saurait trop exalter, ses exposés nets et lumineux, ses desseins d'une clarté aussi éblouissante que sa parole, la conviction dans l'esprit du roi et auparavant, sans doute, dans l'esprit du ministre, car c'était par le ministre que tout arrivait au Conseil royal. On ne pouvait pas ne pas lui laisser faire ce qu'il faisait si bien, et c'était pour ainsi dire avoir une intelligence égale à la sienne que de le comprendre et de l'accepter. Il a fait la sécurité de la France, mais il ne l'a pas faite seul, et si aujourd'hui on reconnaît que sa pensée lui survit, que son système de défense, qu'on ne peut encore qu'appliquer, nous protège, notre reconnaissance doit remonter de Vauban au roi et aussi, avec justice, à Louvois.

Ce ministre qui a mérité le nom de grand, a-t-il été un maître ? Pour Vauban peut-être, sans doute même, puisque Vauban le reconnaît et le loue de cette direction générale qui s'étend à toutes les places, à toutes les frontières, et sans laquelle il n'eût pu créer ce merveilleux ensemble de défenses qui est resté sa gloire, mais non pour le roi dont il n'a été que le serviteur, mais quel serviteur ! digne à coup sûr d'être écouté, d'être suivi, mais toujours contenu et se contenant lui-même par la certitude qu'en toutes choses le roi avait par réflexion pris un parti et qu'il tenait à ce parti et ne le changerait que sur de bonnes et fortes raisons. Il n'y avait pas à provoquer des surprises ; le jugement royal était assez ferme, sans être immuable, pour qu'on dût toujours compter avec lui, et dans la conclusion des affaires, la raison seule triomphait.

Mais quel merveilleux serviteur que Louvois, nous le répétons, et comme il nous a paru tel ! Travailleur infatigable, il voyait tout, il connaissait tout par lui-même. Il relisait tout ce qu'il signait, il corrigeait, il annotait ; il recommande en effet à plusieurs reprises à M. de Chazerat ses *apostils*, comme on écrivait alors. Les lettres, les dépêches, les mémoires auxquels il répondait, il en avait lui-même pris connaissance ; avec la sûreté et la rapidité de son coup d'œil, il avait plus tôt fait de les lire que de se les faire lire. Sur les affaires qu'il était contraint de confier à des secrétaires, il exigeait des rapports détaillés qu'il comparait avec les pièces même qui avaient été envoyées : sa révision était elle-même un travail, et plus sûr que celui qu'on lui avait préparé.

Il avait une si grande perspicacité, il voyait si bien en toutes choses ce qu'il y avait à faire ! Jamais ministre n'a été plus appliqué et avec plus de clairvoyance ! Nul n'a eu plus de suite dans les idées, plus de rapidité dans la conception, plus de fermeté dans la résolution ! Sa vie équivaut à plusieurs vies d'hommes et, s'il est mort jeune encore, c'est pour avoir dépassé les bornes des forces humaines.

On sent dans ses lettres qu'il veut être instruit de toutes choses, afin de se décider en pleine connaissance ; il n'est jamais assez éclairé, il demande, il s'informe. Il exige des plans, des profils, des mémoires, des devis ; il a dans son cabinet des représentations de toutes les places ; il peut à tout instant les consulter ; il en a même en relief, et sur chacune d'elles sont notés les ouvrages faits, les ouvrages en cours d'exécution, les ouvrages à faire ; et ces plans, dont il a fait numéroter toutes les parties, où il distingue même par des lettres les points principaux, il les consulte à chaque courrier ; il compare les nouvelles qu'on lui donne avec les dessins qu'il conserve, et, avec justesse, il approuve ou désapprouve. Il indique ce qu'il faut compléter, ce qu'il faut changer, non-seulement pour les forts, les bastions, les demi-lunes, les courtines, mais pour les souterrains, les chemins couverts, les revêtements, les gazonnements. Combien l'a occupé la place d'Ypres, qu'il a réellement créée ! Le détail en est infini. On voit à quel prix on devient un grand ministre ; il faut tout savoir, tout prévoir, tout voir par ses yeux et par les yeux des autres, ne rien laisser au hasard ; ne sait-on pas que la fortune ne tient qu'à un fil, et ce fil, si tenu qu'il soit, il faut le saisir.

N'avons-nous pas dit que le roi avait toujours été très préoccupé des inondations des abords des places de guerre ? Louvois, à son tour, en parle sans cesse dans ses lettres sur Ypres. Cette place, située dans un terrain marécageux, presque entièrement au-dessous du niveau de la mer, comme tous les terrains qui bordent la Belgique et qui composent presque toute la Hollande, voit arriver l'eau autour d'elle de tous les côtés ; ce sont des ruisseaux, de petites rivières, des étangs qui la fournissent, et aussi l'Océan qui était mal contenu encore dans les digues. La marée peut venir battre les remparts ; mais l'eau de mer détruit les récoltes, ruine les paysans ; il faut l'arrêter ; à peine en cas d'attaque la laissera-t-on passer. Il convient de prendre de l'eau douce; deux grands étangs sont à peu de distance, les étangs de Zillebeke et de Dickebusch : par des rigoles bien disposées, on en conduira les eaux sous les murs d'Ypres, même dans les murs pour les besoins des habitants. Le danger venu, l'ennemi signalé, on ouvre les vannes des rigoles, et la plaine devient elle-même un étang. Dans ce grand travail, le ministre n'omet aucun détail ; il indique la longueur des rigoles, leur largeur, leur débit ; tous les résultats sont prévus, et aussi tous les soins pour l'entretien. Le paysan doit compter sur la solidité des chaussées, travailler en sécurité jusque sous leur revêtement. Un ouvrage n'est bon que lorsqu'il est utile en tout temps ; et en été, par la sécheresse, une vanne ouverte à propos créera un courant qui portera la fécondité dans des champs épuisés.

Nous sommes d'autant plus frappé de ce travail prévoyant et continu que des voyages fréquents, des déplacements de séjour, quelquefois brusques, inattendus, dérangeaient le ministre très souvent, à plusieurs reprises pendant le cours d'une année, et auraient nui à la bonne conduite de son ministère, s'il n'avait eu une grande puissance d'attention, une faculté rare pour tout retenir et pour tout suivre, une mémoire merveilleuse pour ne rien oublier. Il accompagnait partout le roi, qui avait pour premier plaisir le changement de demeure. Qu'il l'ait accompagné dans les voyages militaires, aux camps, aux siéges et aussi dans les grands voyages de représentation où la Cour étalait les pompes et où les populations voyaient avec étonnement tant de grandes dames et se demandaient, surprises, quelle était la reine, rien de plus naturel ; tous les ministres avaient leur rôle dans ces scènes splendides. Mais Louvois était de tous les déplacements de plaisir, de fête, de chasse ; il ne résidait pas. Ses lettres nous le prouvent surabondamment; beaucoup sans doute sont datées de Versailles, quelques-unes de Paris, mais combien de Saint-Germain, de Fontainebleau et encore de Meudon, de Chambord ? Il avait donc une suite de secrétaires, d'employés, des équipages, des fourgons ; sans doute les archives restaient à Versailles, mais que de dossiers il fallait emporter, ceux de toutes les affaires en train; et comment ne rien égarer, ne rien oublier? Ses lettres prouvent que, sur toutes choses, rien ne lui manquait. A peine arrivé, il s'installait à part, et ses bureaux improvisés travaillaient avec autant de régularité que s'ils n'avaient pas quitté Versailles. Il utilisait même le temps des voyages, et sa voiture devenait un cabinet. Il était du reste bien servi, et tout embarras lui était évité ; et il avait le don rare, qui a été celui de quelques grands *conducteurs des peuples*, d'être tout entier à la pensée présente, à l'affaire du moment jusqu'au complet achèvement du travail qu'elle exigeait. Il savait s'isoler au milieu de graves et nombreuses occupations, n'être qu'à une seule et, jusqu'à ce qu'elle soit terminée, ne pas s'en laisser distraire. Il était lui-même pour ainsi dire tout son ministère ; il se recueillait et s'appartenait complètement partout où il était mené, et semblait ne s'être pas déplacé. On sait même qu'attaché à une étude, il était indifférent à tout ce qui n'était pas elle ; aucune nouvelle, bonne ou mauvaise, ne l'en faisait sortir ; il remettait à plus tard la joie ou le souci, sûr qu'il était de pourvoir à tout ; jamais il n'interrompait sa tâche qu'il ne l'eût accomplie. Il la portait en tous lieux avec lui-même; c'est ainsi qu'il paraissait dans les salles des festins, du jeu, des danses, étranger réellement aux mouvements qui l'entouraient, faisant respecter son mutisme ou sa brusquerie, et s'échappant dès qu'il avait donné à ses devoirs d'homme de cour le temps qu'ils exigeaient.

Nous devons nous arrêter pour ne pas nous exposer à des redites ; peut-être même n'avons-nous pas échappé à ce défaut. En terminant, félicitons le roi Louis XIV et la France d'avoir rencontré un tel homme qui rendait en toutes choses le succès certain, tant il le préparait avec soin. Il n'a pas fait toute la grandeur du règne, mais il y a mis puissamment la main.

CHAPITRE III

M. de Chazerat à Lille et à Douai, en Hollande et sur la frontière du Rhin, à Brisach et à Belfort.

Nous allons suivre maintenant M. de Chazerat dans les divers postes qu'il a occupés, nous ferons ainsi l'histoire de ses travaux, et cette histoire nous présentera une fidèle image de ce qu'était au XVIIe siècle un officier du génie.

§ I. — Lille.

La première lettre de Louvois est écrite le 7 février 1669, et elle est adressée à Lille. M. de Chazerat est attaché à la construction des remparts de cette ville qui, conquise en août 1667, avait été définitivement cédée

1669 à la France par l'Espagne le 2 mai 1668, date du traité d'Aix-la-Chapelle. Vauban avait été chargé de la fortifier ; il avait triomphé, comme nous l'avons dit, dans sa lutte avec le chevalier de Clerville qui, un moment, avait été considéré comme le plus grand ingénieur de son temps, et qui, malgré l'appui de Colbert, baissait dans l'estime du roi et cédait le premier rang à son rival plus habile et plus heureux. Louvois avait reconnu la capacité de Vauban et l'avait fait reconnaître à Louis XIV.

M. de Chazerat devint l'auxiliaire et l'élève de Vauban et, pour ainsi dire, son second, dans la surveillance et la direction des fortifications du Nord ; il s'instruisit de son exemple ; il s'inspira de ses projets et il se voua à leur exécution. Pendant vingt ans il resta fidèle à la pensée du maître, et s'il se retira, c'est que l'âge et la fatigue lui imposaient le repos.

Il n'a toutefois, au début de ses fonctions, sous les ordres de M. de Montguivault, directeur des travaux, qu'une position secondaire qui, aujourd'hui, paraîtrait peut-être indigne d'un ingénieur et serait réservée à un subalterne. Il est chargé de l'exploitation des

carrières qui fournissent les pierres néces- 1669
saires à la construction des remparts de Lille. Il en faut un nombre considérable, cinq millions, et cinq millions de pierres de choix, grosses et longues, sans compter les autres. Louvois les désigne sous le nom de *parpaings*, et l'on sait que les parpaings sont des pierres qui tiennent toute l'épaisseur d'un mur, avec un parement en dehors et un parement en dedans et qui donnent une solidité à toute épreuve.

Les travaux sont rapidement menés ; le roi exige que la ville soit mise en quelques mois en état de défense ; elle sera la clef des forteresses du Nord, capable de résister alors que toutes les autres auront cédé : et elle a bien été ce que Louis XIV voulait qu'elle fût, car elle n'a été perdue qu'une fois en 1708 et elle nous a été rendue par le traité d'Utrecht.

Vauban demande vingt mille parpaings par jour ; il faut les faire sortir de terre et M. de Chazerat prend autour de lui tous les soldats disponibles qu'il dispense de gardes, d'exercices, de revues. L'ordre du roi est absolu : réunir de tous côtés des ouvriers. Louvois a écrit au gouverneur de Doullens et des autres villes et leur a prescrit d'en-

1669 voyer à Lille le plus grand nombre possible de soldats et de donner aux travaux du génie « les assistances nécessaires ». L'armée construit donc la grande forteresse qu'elle a conquise; ainsi faisaient les armées romaines qui ont laissé sur le sol de l'Europe, de l'Asie et de l'Afrique, partout où elles se sont établies, ces murailles gigantesques, ces remparts formidables et aussi ces belles routes, ces aqueducs, ces ponts et ces splendides monuments, cirques, théâtres, temples, dont les ruines nous étonnent encore aujourd'hui tant elles sont augustes.

Un fait à remarquer et qui dut plaire à M. de Chazerat, c'est que, dans sa lettre du 18 février 1669, le ministre recommande de prendre spécialement dans le régiment d'Auvergne des ouvriers qui seront « propres à la besogne ». Louvois n'ignorait pas qu'en Auvergne les volcans ont couvert les côteaux et les plaines de coulées de lave qui, refroidies, sont devenues de vastes lits de rochers, carrières inépuisables, où les hommes ont pris depuis des temps immémorables les pierres sèches de leurs premières habitations et les pierres scellées de leurs maisons, de leurs châteaux, de leurs villes. Les gens d'Auvergne naissent carriers et on ne pouvait que les employer utilement. Louvois ordonna du reste de les faire bien payer. Pendant qu'ils seront aux carrières de Lille, ils seront en outre exemptés de tout service ; M. de Chazerat leur donnera des certificats ; « il fera du reste voir la lettre du ministre aux officiers afin que chacun s'y conforme sans nulle difficulté. » 1669

Cette lettre est accompagnée de cinq autres lettres que M. de Chazerat doit faire remettre aux officiers qui commandent à Lille, à Armentières, à Courtrai, à Audenarde, à Tournay, et tous devront fournir des ouvriers. Le gouverneur de Tournay, M. de Renouard, est particulièrement désigné ; il doit se conformer aux intentions du roi, car il s'agit de son service. Outre la carrière de Lille, la carrière d'Avesnes est exploitée, et dans le pressant travail où l'on se trouve, « tous les soldats ouvriers seront employés. » Tel est l'ordre envoyé le 3 juillet 1669 à M. de Souzy, qui était à la tête du département de l'intendance du Nord ; et il y a lieu d'espérer « que le nombre des parpaings augmentera au lieu de diminuer. »

Les exigences du ministre se manifestent

1669 surtout dans la lettre datée de Saint-Germain le 1er août 1669 ; il veut que partout on fasse son devoir, « il a appris qu'il y avait peu d'ordre aux carrières, que des ouvriers s'étaient retirés et que dès lors M. de Chazerat ne fournissait pas à beaucoup près la quantité de parpaings qu'on désirait de lui », et dès lors il ajoute : « Il faut vous appliquer plus que jamais à y rétablir le bon ordre, et vous ne le sauriez mieux faire qu'en suivant le réglement que M. de Vauban vient de nous laisser et que je désire que vous exécutiez pontaillement jusqu'à ce que je vous mande d'y apporter quelque changement. »

Si le ministre exige un service irréprochable des officiers qu'il emploie, il sait, après les avoir réprimandés, leur témoigner une estime vraie, et ses réprimandes ne sont plus dès lors que des encouragements. Quelques jours en effet après le 1er août, le 14, il dit à M. de Chazerat : « J'ai toujours été bien persuadé de votre application au service du roi, et je vous assure que vous n'avez qu'à continuer pour me donner lieu d'être satisfait de votre service. » Il s'est déjà informé précédemment, le 3 juillet, du chiffre de ses appointements, « afin de le faire augmenter

en considération de votre application et pour 1669
vous convier à la continuer». Il lui donnera aussi de l'avancement; en effet, l'année suivante 1670, M. de Chazerat est à Douai, et dans une position supérieure.

§ II. — Douai.

A Douai M. de Chazerat s'occupe encore 1670
des carrières, mais il est en même temps chargé des fortifications, de sorte qu'il se pourvoit lui-même de ces parpaings auxquels le ministre attache une si grande importance qu'ils sont, comme il l'a dit dans une lettre qui n'est pas de notre recueil, non pas des clefs de voûte, mais des clefs de murs. Il a du reste un collègue, M. Vollant, et avec lui il assiste à l'inspection des carrières faites par M. Lebvet et le sieur de Valicou t. Les matériaux, parpaings et autres pierres servent à la construction du fort de *Lescarpe* (il faut lire nécessairement de la Scarpe) et autres, au revêtement des canaux qui baignent les remparts et à l'endiguement des rivières qui alimentent les canaux. M. de Vauban doit venir lui-même inspecter les travaux et les carrières ; Louvois exige de M. de Chazerat qu'il lui rende compte « de tout ce qui se

1670 posera », et comme les ateliers de Lille ont « plus de parpaings qu'il n'en faut », il lui ordonne d'employer les carriers ailleurs. Le 12 septembre, il revient sur cet ordre et pour activer la construction du fort, il dirige sur Douai tous les soldats carriers des garnisons ; M. de Vauban les a désignés, M. de Souzy les fait partir.

La réputation de M. de Chazerat grandit, et ses occupations augmentent. Sur ses dessins, le ministre le charge de détourner des terres d'Espagne et d'empêcher de sortir de France, tous les ruisseaux qui peuvent grossir considérablement le cours de la Scarpe (1) de proposer à M. de Vauban des changements au tracé des remparts et de les exécuter s'il obtient son approbation (2) ; de profiter du beau temps pour avancer le gros œuvre et de prendre toutes les précautions nécessaires pour prévenir les ravages de la gelée (3).

Le roi sans doute désire mettre des soldats dans le fort, mais à condition que leur présence « ne retarde pas la diligence avec laquelle il veut que la construction se fasse » ;

(1) 12 septembre 1670, St-Germain.
(2) 15 septembre 1670, St-Germain.
(3) 2 décembre 1670, Paris.

aussi, s'inquiète-t-il du choix des entrepre- 1670
neurs qui seront chargés du revêtement des murs, et il recommande de ne pas prendre un certain Thierry « qui s'est mal acquitté de son devoir à Arras. »

Les travaux avancent comme l'indique un profil de la ville de Douai et de la forteresse de la Scarpe qui y est bien désignée (1) ; et la ville se présente « par où elle est la plus belle à voir ». Deux flancs et une demi-courtine sont déjà fondés ; bientôt toute la fondation du fort sera parachevée (2). En
même temps, aux retenues d'eau déjà prati- 1671
quées, s'ajoutait une nouvelle retenue (3) « à l'endroit où la rivière communique avec le fossé ». M. de Chazerat devenait ingénieur hydrographe ; tout le régime des eaux était mis sous son autorité. Il ne fallait pas, en effet « que les eaux lâchées à contre-temps nuisissent au travail » ; et M. d'Evrement, gouverneur de Douai, est chargé « de défendre sous peine de cachot à celui qui a eu le soin de les lâcher sans le consentement de M. de Chazerat ».

(1) 17 décembre 1670, Paris.
(2) 25 mars, Versailles.
(3) 25 février, St-Germain.

1671 Dès lors tout avance (1); les fondations seront terminées à la fin du mois; il ne restera qu'à faire le revêtement, à fonder les demi-lunes, la grande écluse, et une dernière demi-lune qui doit être de l'autre côté de l'eau. La hâte ne doit point nuire à la qualité du travail, « au sujet duquel on ne doit s'exposer à aucun déplaisir ».

M. de Chazerat, bien qu'attaché à Douaî, n'y reste pas à poste fixe; il est appelé sur divers points où ses talents bien connus sont mis en œuvre. La guerre contre la Hollande se prépare, et tout le génie actif entrera bientôt en campagne. Louvois lui-même ne tardera pas à quitter Versailles. Dans une lettre du 25 mars, de Versailles, il annonce à M. de Chazerat « qu'il partira la semaine suivante pour Donchéry (sur la Meuse, près de Sedan); qu'il suivra après cela avec les troupes jusqu'à la frontière de Dunkerque et qu'il sera à Tournay le 16 avril: « vous y viendrez me rendre compte de vos ouvrages ». En même temps, les enrôlements sont pressés dans toute la France, pour ainsi dire, à Moulins, à Meaux et à Paris (2). Il est néces-

(1) 17 mars, St-Germain.
(2) Lettre écrite de Dunkerque par un M. Charpentier.

saire, en effet, de terminer dans l'année les 1671
travaux les plus urgents et de porter « le fort de *Lescarpe* en sa perfection, tant en ce qui regarde les écluses (1), et entrées et sorties des eaux que des dehors ». Douai est une des portes de la France ; il importe de la fermer, et jusqu'en Normandie on demande des ouvriers aux commissaires des guerres, des *croqueteurs*, auxquels on n'accorde que quinze jours pour faire la route. Des rapports sur l'avancement des ouvrages suivent la cour dans les divers mouvements, de Versailles à Fontainebleau et de Versailles à St-Germain. Le roi apprend que les fausses portes sont « parachevées » (2) ; que le cordon qui y manquait est posé. Les demandes de renseignements se répètent avec une insistance qui devient de l'exigence. Chaque semaine un relevé des travaux doit être fourni avec indication de ce qui reste à faire « tant du corps de la place que du dehors » (3). En septembre, les fondations des écluses ne sont pas encore faites : « les faire sans perdre un seul moment ».

(1) 6 août, Fontainebleau.
(2) 21 août, Fontainebleau.
(3) 19 septembre, Versailles.

1671 Il est certain que de Tournay, après avoir vu Louvois, M. de Chazerat avait été chargé d'une mission sur les côtes; il a été certainement à Dunkerque puisque, du camp de Bavay, le Prince de Condé lui adresse, le 16 septembre, une lettre dans cette ville et lui donne le titre d'ingénieur, et aussi à Bergues puisque le Prince le félicite d'avoir mis cette place en bon état, et ailleurs puisque le Prince le charge de faire de même pour les autres places. Il semble donc qu'il ait eu, sous la direction de Vauban toutefois, l'autorité et le commandement dans toute la région.

En octobre, il est de retour à Douai (1), car nous voyons que s'étant aperçu, en faisant dans les murs de cette ville des sondages qui accompagnent toujours le toisé général de la maçonnerie exécutée, que l'entrepreneur avait mêlé la brique aux parpaings, il l'avait dénoncé au sub-délégué de M. de Sonzy, qui l'avait fait mettre en prison. Les entrepreneurs n'étaient pas ménagés en ces temps, et celui de Douai courait le risque d'être retenu prisonnier pendant un long temps, et par suite d'être ruiné. Le roi le fit

(1) 15 octobre, St-Germain.

mettre en liberté et se contenta de l'appauvrir « en lui rabattant autant de toises sur l'ouvrage effectif qu'il aura fait comme il en voulait faire passer de plus, si la tromperie avait eu lieu ». Il se paya sur ses biens, c'était plus habile et plus profitable que de se payer sur sa personne. 1671

L'année 1672, l'année de la guerre est ouverte, et le 7 avril, de Versailles, Louvois ordonne à M. de Chazerat « de poursuivre l'achèvement des travaux, de faire marché avec un sieur Lymonnier pour le recurement et approfondissement du grand fossé du fort de *Lescarpe*, de celui des deux anciennes demi-lunes, et du reste de l'évacuation de l'écluse de fuite; de faire adjuger incessamment le reste des travaux et même le réduit que l'on a résolu de mettre devant la porte du fort »; il lui demande un dessin de ce réduit, et, comme le temps presse, il lui dit de ne pas attendre celui que doit fournir M. de Vauban « duquel vous ne pourrez pas avoir si tôt des nouvelles ». Le dessin ou *profil* a été promptement fait, car le 19 avril Louvois l'a reçu et l'envoie à Vauban « pour décider ». 1672

M. de Chazerat va faire campagne. Il quit-

1672 te Douai où il laisse un sieur Champagne qui achèvera les travaux du fort de *Lescarpe*, et qui ensuite ira à Ath poursuivre ceux qui s'y font.

En effet, le 12 avril, M. de St Pouange a annoncé à M. de Chazerat que le ministre l'a désigné pour servir d'ingénieur, pendant la campagne prochaine, dans l'armée du roi sous M. de Vauban, et qu'il est nécessaire qu'il se rende à Charleroi le 3 mai ; mais le 19 avril l'ordre est changé, et c'est à Lille qu'il ira trouver M. de Vauban « pour y prendre ses ordres et s'y conformer ».

§ III. — Hollande.

On sait avec quelle rapidité éclata la guerre de Hollande ; « ce fut, a dit le chevalier Temple, un coup de foudre dans un ciel serein ». Louis XIV avait lancé un manifeste le 6 avril, et en même temps Turenne, Condé et Luxembourg, marchaient avec 130.000 hommes d'élite et une grosse artillerie contre les 25.000 mauvais soldats de Jean de Witt, le grand pensionnaire, qui avait tenu la flotte en parfait état, mais qui avait négligé l'armée qu'il ne pouvait pas confier au jeune Guil-

laume d'Orange, l'héritier des stathouders 1672
et l'ennemi de la république. Le grand amiral Ruyter tint tête aux Français et à leurs alliés les Anglais, mais sur les bords de l'Yssel l'armée fut retenue par les quelques troupes de l'évêque de Munster que commandait le duc de Luxembourg.

Le roi Louis XIV ne pouvait être arrêté ; il marcha de succès en succès, et, comme l'a dit Boileau, chaque jour, chaque heure était marquée par une prise de ville ; le poète ne sait comment le suivre :

Grand roi, cesse de vaincre ou je cesse d'écrire.

On avait dépassé le Rhin, on le repassa à Tol-huys, le 12 juin. Entre le Rhin et le Wahal, Turenne prit Arnheim, le fort de Schenk, puis Doesbourg et bien d'autres villes ; Luxembourg franchissait l'Yssel et repoussait Guillaume. Le 30 juin Louis XIV entrait à Utrecht.

L'histoire a dit que M. de Vauban entrait derrière les soldats dans les places pour les fortifier ; M. de Chazerat entrait avec lui, et les recevait de ses mains comme le prouve la lettre ministérielle écrite de Versailles le 3 octobre 1672. Elle exige des détails, plus

1672 abondants qu'ils n'ont été donnés jusque là, sur chaque place, et particulièrement sur le fort de Weert (1) dont il n'a pas encore été question ; des ordres ont été donnés, et ils doivent être exécutés. M. de Luxembourg commande sur les bords du Zuyderzée ; il a fait travailler à Woerden (1'); il surveille les digues qu'il a fait couper ; il a droit à une obéissance absolue, dont feront foi de fréquents rapports.

Mais c'est à Muyden même qu'il eut fallu s'installer; cette ville, à l'embouchure du Wecht, était la vraie *serrure* des écluses ; il était indispensable de la tenir fermée. Pourquoi dès lors tant s'attacher à Naerden, sur les côtes du Zuyderzée? Louvois, au lieu de tenir les troupes rassemblées, commettait la faute de les disperser dans les places, qui exigent de grands travaux. Il a reçu de M. de Chazerat les profils de la ville de Naerden ; « mais (2) il n'a pas vu la place, le terrain, et tout ce qu'il peut dire, c'est qu'il faut faire de bons chemins couverts et des demi-lunes au lieu où le terrain le permettra, et au moins des chemins couverts là où l'on ne

(1) et (1') Louvois écrit Wart et Worden.
(2) 23 novembre, Versailles.

pourra faire autre chose ». Le 28 novembre, 1672
plus complètement renseigné, il approuve ce qui a été fait; seulement il ajoute « qu'il faut mettre les palissades de la contre-scarpe sur le glacis et non sur la banquette ». Nous reconnaissons cette entente de détail qui s'exerce même sur les conquêtes éphémères : il est vrai qu'on les croyait durables !

Toutes les places de la Hollande étaient 1673
inconnues; comment y envoyer des avis certains? M. de Luxembourg a la haute main (1); lui-même il se repose sur les commandants de troupes et c'est à ces derniers que les ingénieurs doivent se soumettre. Que de travaux, hélas! et qui resteront incomplets, et que les Hollandais ne reprendront pas eux-mêmes. Leurs véritables remparts sont leurs rivières et leurs canaux ; et leurs véritables défenses sont les inondations si rapides qui versent dans les campagnes et les eaux des fleuves et les eaux de la mer.

A Arnheim, les choses se passent comme à Naerden; « le roi ne juge pas (2) qu'il soit nécessaire d'y faire présentement beaucoup d'ouvrages, parce qu'il n'y a pas d'apparen-

(1) 15 mars, Versailles.
(2) 4 avril, St-Germain.

1673 ce que les Hollandais soient en état de venir l'attaquer; il faut se contenter de la mettre en quelque défense et hors d'état d'être surprise ». Les Hollandais la reprirent, en effet, sans l'avoir attaquée.

Une révolution s'était accomplie; les frères de Witt avaient été massacrés à La Haye, le 22 août 1672, par la populace furieuse; l'inondation du pays avait été résolue; Amsterdam avait ouvert les écluses, et Ruyter était venu ranger ses navires en avant des murs. Toutes les plaines étaient couvertes d'eau; on ne reconnaissait plus les routes; et les villes formaient des îles battues par les flots; le Rhin, la Meuse et l'Océan ne formaient plus qu'un grand lac. Dans le même temps, le prince d'Orange était promu au Stathoudérat; on pourrait dire qu'il s'était promu lui-même, car il avait porté le peuple contre les de Witt; il avait causé leur chûte et leur mort; mais il était digne de ce pouvoir qu'il prenait si violemment. Nouveau général et bien jeune encore, il devina l'art de la guerre. Il sut, avec des soldats peu nombreux et mauvais, faire reculer les armées françaises nombreuses et vaillantes, et commandées par des généraux qui comp-

taient leurs combats par des victoires. Il 1673
étonne plus encore, par son habileté politique, l'Europe qu'il sut gagner en un moment et tourner contre la France, qui n'eut bientôt d'autre souci que de garder ses frontières sur lesquelles elle était ramenée.

§ IV. — Brisach et Belfort.

M. de Chazerat quitta la Hollande et ses inutiles travaux. Nous le trouvons, en novembre 1673, à Brisach, d'où, par une lettre du 7, il informe Louvois de tout ce qui se passe dans les fortifications. Le ministre répond en l'instruisant de ce qu'il doit connaître : « Des ordres (1) ont été donnés au sieur de La Grange ; il peut donc sortir de peine au sujet de l'écluse de chasse ; il sera pourvu à tout ce qu'il y a à faire, mais le roi ne veut pas qu'on fasse des ponts pour porter la terre des fossés sur les remparts ; on se servira de bourriquets. (2) — Cette terre doit être placée sur la contre-scarpe, sauf à prendre dans la place celle nécessaire pour le rehaussement des bastions lorsque l'on vou-

(1) 20 novembre, Versailles.
(2) 28 novembre, Versailles.

1673 dra le faire. En tout cas, il ne faut pas aller au-delà de ce que M. de Vauban pourrait permettre ». Le maître était donc revenu de Hollande comme le disciple, et leur attention était arrêtée sur les frontières de l'Est.

Le mois suivant, en décembre, M. de Chazerat est à Belfort, cette place forte par excellence, que Richelieu avait donnée à un aventurier de génie, le comte de la Suse, et qu'il lui avait reprise dès qu'il avait su que par ses travaux le comte l'avait rendue imprenable. Elle couvrait le passage, la trouée entre les Vosges et le Jura, et par une lettre du 2 décembre, datée de St-Germain, M. de Chazerat reçoit des ordres qui s'appliquent aux bastions et à leurs prolongements, aux courtines, etc. « Donnez-moi, dit le ministre, au plus tôt des nouvelles sur tout, si distinctement que je connaisse ce que chaque chose coûtera et dans quel temps tous les travaux pourront être faits ». Il lui demande même de venir (1) ; le sieur de La Grange le laissera partir ; il veut conférer avec lui au sujet d'un demi-bastion « qui doit flanquer la face

(1) 12 décembre, St-Germain.

droit de l'ancien ouvrage qui n'est vu de 1673
rien ». Ce dernier trait est caractéristique. N'étant vu de rien, le vieil ouvrage ne voit rien lui-même et ne peut être d'aucune utilité.

Nul ne saurait contester la grande importance des travaux exécutés à Belfort, dont ils faisaient une base solide d'opérations. Ils ont certainement contribué au succès de la belle campagne de Turenne l'année suivante. C'est en partant de Belfort que Turenne, qui croissait d'audace en vieillissant, suivant l'expression de Napoléon, a descendu l'Alsace, a battu les impériaux et les a rejetés au-delà du Rhin.

CHAPITRE IV.

Gravelines, Bergues, Mardyck, Dunkerque.

§ I. — Année 1674.

1674 Les cinq premières années du service actif de M. de Chazerat, à partir de 1669, ont été remplies par de fréquents déplacements ; de Lille, il a été envoyé à Douai, puis sur les côtes, puis en Hollande et en dernier lieu sur la frontière du Rhin à Brisach et à Belfort.

Il revient à la région du Nord, au Pas-de-Calais, aux rivages de la Manche et de la mer du Nord, et depuis ce retour, en 1674, il ne les quittera plus ; à peine sera-t-il employé dans l'intérieur des terres pour quelques missions temporaires. Les forteresses maritimes qui relevèrent du ministère

de Colbert, tant que vécut ce ministre, pour 1674
toutes les constructions que la mer baignait, relevaient pour le « reste » du ministère de Louvois, et ce « reste » était bien la partie la plus grande et la plus importante, et c'est d'elle que M. de Chazerat doit s'occuper à Gravelines, où il est soudainement appelé.

Tant que les Pays-Bas ont été possédés par la maison d'Autriche, soit par la branche d'Espagne jusqu'au traité d'Utrecht en 1713, soit par la branche d'Autriche, depuis 1713 jusqu'aux conquêtes de la révolution française, les villes du Nord ont joué, dans nos guerres de frontières, un rôle considérable et même décisif. Sous Louis XIV, elles fermaient la France aux Espagnols, et elles lui servaient de point d'appui dans ses attaques contre les territoires du Hainaut et de la Flandre. La France les avait prises en s'agrandissant, et elle en partait pour s'agrandir encore. Postées dans les vallées, elles les protégeaient, et elles s'y étaient comme multipliées. Depuis que les villes de la Somme, si longtemps contestées entre la France et la Bourgogne, avaient été définitivement acquises, on s'était porté, après avoir franchi les collines de l'Artois, sur

1674 toutes les rivières qui en sortent, soit qu'elles se dirigent directement à l'ouest vers la mer, comme l'Aa et l'Yser, soit qu'elles coulent vers le nord, comme l'Escaut et ses grands affluents, la Lys et la Deule, la Scarpe et la Haine, comme la Sambre qui va chercher la Meuse. Tous ces cours d'eau se hérissèrent de forteresses; on ne laissa, pour ainsi dire, pas un seul centre de population sans murailles; il se forma un dédale de roches artificielles, mais armées, au milieu duquel l'ennemi le plus hardi ne pouvait qu'hésiter à s'engager; c'était plus qu'une ceinture, c'était une succession de lignes concentriques, qui s'avançaient avec la conquête, et qui éloignaient les attaques ennemies de ce grand centre, véritable cœur de la France, de ce Paris, qui avait été menacé sous Henri II, et qui plus récemment l'avait encore été sous Louis XIII et Richelieu. Les Espagnols s'étaient emparés de Corbie, et les coureurs s'étaient montrés dans la vallée de la Seine.

Que de soins donnés à ces villes en qui reposaient les destinées de notre pays, aux plus grandes comme aux plus petites, à Lille et à Douai, comme à Gravelines et à Bergues! On devait les tenir en bon état, sans qu'il y manquât une pierre, une palissade, un gazonnage ! à Gravelines (1), M. de Chazerat est à peine arrivé qu'il réclame les palissades qui font défaut ; le ministre en envoie ; elles sont mauvaises, mais plantées et fixées avec art, elles seront aussi solides que si elles étaient de bonne qualité. Ce n'est pas seulement Gravelines qu'il convient de réparer, mais Dunkerque et Bergues (2) ; et le roi tient à avoir un rapport sur les places avant d'entrer en campagne ; et s'il reste des travaux à terminer, le roi enverra les ordres nécessaires. La présence de M. de Chazerat est indispensable dans ces trois places qui sont sous ses ordres, ne disons pas encore sous sa direction, car il n'est pas encore directeur des fortifications, mais seulement ingénieur. « S'il n'a pas été appelé à servir (3) au commencement de la compagne, c'est que le roi a jugé qu'il était plus utile au *pays*, (et nous remarquons cette expression dont Louvois se sert, peut-être pour la première fois, et dont on a tout usé et abusé depuis), qu'il était plus utile au pays, disons-nous, là 1674

(1) 25 février et 2 mars, Versailles.
(2) 3 mars, Versailles.
(3) 13 avril, Versailles.

1674 où il était pour la conduite des travaux de Dunkerque, Bergues et Gravelines, en l'absence du sieur de Chavignat ». Le ministre comptait moins, sans doute, sur ce dernier, un officier du génie également qu'il avait employé à l'armée ou ailleurs ; et il comptait beaucoup sur M. de Chazerat, car il ajoute : « quand je croirai que votre présence ne sera plus nécessaire et qu'il y aura quelque chose à faire à l'armée, j'aurai soin de vous y faire venir ». Il approuve les réparations et les ouvrages qui sont faits aux diverses places pour les mettre en bon état de défense (1) ; et dans sa satisfaction, il annonce à l'ingénieur qu'il estime que son traitement a été porté par le roi à deux cents livres par mois, à partir du jour où il s'est rendu à Gravelines. « Vous montrerez cette lettre, dit-il, à M. le Boistel de Chatignonville (l'intendant) qui ne fera aucune difficulté de vous en ordonner le paiement ».

L'officier récompensé se multiplie, à Dunkerque (2), il transforme en redoutes les maisons qui appartiennent au roi, et qui

(1) 9 juin, camp de Chanvans.

(2) 6 juillet, Versailles.

sont situées entre les canaux de la Moere 1674
et de Furnes ; à Gravelines, il pose des palissades et à Bergues également. Il envoie des plans à Versailles ; il obtient de M. le Boistel de Chatignonville des matériaux « en la quantité nécessaire pour mettre les ouvrages de ces deux places en leur perfection ». Il envoie des mémoires en faveur des gens qui l'ont aidé, et prie M. de Louvois de parler au roi « pour leur faire procurer quelque gratification ».

Arrive-t-il un accident (1) au revêtement des fortifications de Bergues, il s'y transporte, et muni de la lettre qu'il a reçu et qui contient les instructions de sa Majesté ; il la montre à MM. de Caseaux (commandant) et le Boistel de Chatignonville ; il obtient d'eux les matériaux nécessaires, et tant que la saison sera bonne (2), il travaillera à réparer la brêche et à mettre la ville de Bergues « hors d'insulte ». Le roi s'en rapporte à lui ; et gazon et maçonnerie, tout sera employé.

A Mardyck (3), c'est au batardeau d'un

(1) 14 août, Versailles.
(2) 22 août, Versailles.
(3) 25 septembre, Versailles.

1674 bastion que cet accident est arrivé; il a été percé, et l'eau a emporté des terres de chaque côté de l'écluse. L'entrepreneur est coupable; il n'a pas fait l'ouvrage assez bon pour soutenir les eaux; les réparations seront faites et sont faites en définitive à ses frais. Sa punition sera pour d'autres entrepreneurs un avertissement; nous l'avons déjà dit, ils sont tenus avec une rigueur utile.

A Gravelines (1), la mer a causé de graves désordres, surtout à la contre-scarpe; « il faut l'assurer, et par la solidité des appuis empêcher à l'avenir de pareils inconvénients ». Louvois empiète ici sur les attributions de Colbert; aussi, a-t-il demandé un plan à M. de Vauban; et comme M. de Chazerat devait l'envoyer, il s'étonne de ne pas l'avoir reçu, et le réclame avec instance le 26 du même mois. Il est évident qu'il tient à être bien renseigné et à ne pas s'engager dans un conflit que le roi condamnerait. La mer est, en effet, le domaine de son collègue et il doit le respecter.

(1) 18 décembre, St-Germain.

§ II. — Année 1675

L'année 1674 s'était fermée sur les grands succès de Turenne; le Roi, la Cour et la France entière se réjouissaient de l'expulsion des impériaux et de la délivrance de l'Alsace; les ennemis coalisés avaient cru qu'elle était redevenue allemande, et elle restait française. 1675

La coalition était toutefois solidement nouée; l'habile et redoutable Guillaume d'Orange avait entraîné, par ses actives négociations, toute l'Europe et l'avait tournée contre le roi Louis XIV. La France, qui depuis le XVIe siècle avait dirigé toute la politique européenne contre la maison d'Autriche et s'était faite le centre de la lutte contre les successeurs et les descendants de Charles-Quint, voyait à son tour la politique et les armées européennes liguées contre elle; l'axe de la direction était changé; et c'est contre la France qu'éclatait la résistance; c'est elle que l'on attaquait. Le rôle qu'avaient joué successivement Henri IV, Louis XIII et jusqu'alors Louis XIV, un petit prince, naguère inconnu, s'en saisissait, et l'Europe, groupée

1675 autour de lui, marchait avec obéissance. Négociations, intrigues, plans de campagne, tout se concertait à La Haye. Ce n'était toutefois qu'une étape, et la direction des haines et des hostilités contre notre *pays*, pour reprendre l'expression de Louvois, contre notre pays devenu trop puissant et trop glorieux, devait treize ans plus tard traverser le détroit et s'établir sur les bords de la Tamise. Abandonnant le palais de Versailles, les regards du monde se porteront sur le White-Hall de Londres.

Louis XIV conservera son prestige tant qu'il vivra, il restera jusqu'à la fin, quoi qu'on fasse et quels que soient les revers qu'il éprouve, le roi de l'Europe ; et quand, en apprenant la nouvelle de sa mort, un de ses plus redoutables et de ses plus heureux ennemis, l'empereur Charles VI se tournera vers sa Cour et dira : « le roi est mort, » tout le monde comprendra ; mais le roi de l'Europe ne devait pas avoir en France de successeur.

Il se défend toutefois ce grand roi, et sur toutes les frontières ses armées et ses généraux se montrent dignes de leur gloire passée, et lui-même veille avec son ministre à l'approvisionnement des soldats et à la consolidation

des forteresses. Dans sa sollicitude, il n'omet 1675
aucun détail. Il commence par punir un entrepreneur qui a mal construit les batardeaux qui protègent l'entrée des criques de Dunkerque (1); puis il ordonnance toutes les sommes que réclame M. de Chazerat pour ses travaux (2): 2.776 livres pour les traverses et les barrières à faire dans les chemins couverts de la citadelle de Dunkerque; 3.295 livres pour l'abaissement des ouvrages de la ville qui sont supérieurs à ceux de la citadelle. Cette attention ne saurait étonner. Dunkerque protège toute la côte, et regarde l'Angleterre déjà prête à nous abandonner; son roi est pour nous, mais la nation est contre nous, avec la Hollande.

La dépense n'est pas ménagée, mais le roi veut qu'elle soit utile. Il refuse donc « 14.820 livres demandées pour enlever les terres et faire le pavé et le quai proche de la porte de la citadelle du côté de la ville; il ne veut pas qu'on touche au batardeau ou rampe de terre qui est proche du bastion de la mer; mais il accorde 1.552 livres pour faire le chemin couvert de la face gauche du bastion de la mer. »

(1) 7 janvier, St-Germain.
(2) 14 février, St-Germain.

1675 Vient le tour de Bergues. Le roi donne 5.776 livres pour « la réforme de la fermeture de la porte dite de Dunkerque. » M. de Chazerat avait demandé une somme plus importante; il avait envoyé un dessin qui certainement « serait utile; mais le roi ne veut pas en faire la dépense cette année. »

Comme tout est étudié, travaux, dépenses bien régulièrement prescrites, et plans des travaux; suivent les observations: « le détour marqué sur votre plan, pour faire que l'on entre par la face gauche de l'ouvrage qui couvre la porte dite de Dunkerque, ne doit pas être relevé, parce qu'autrement de la manière qu'il est marqué sur votre plan, ce serait une place d'armes pour l'ennemi qui ne serait vu d'aucun endroit de la place. Quant au plan du chemin couvert devant la porte dite de Cassel et de la redoute à faire de ce côté dans l'inondation, il faut l'envoyer à M. de Vauban. »

Le roi donne 1.900 livres pour acheter l'hôpital; il approuve qu'au moyen des batardeaux proposés à la digue de Cassel, l'on *conserve* (1) l'inondation entre la digue et le

(1) Le mot *conserve* est une correction de Louvois; la lettre portait d'abord *enferme*.

chemin de Bierne. Il prescrit encore de faire 1675
travailler incessamment à la redoute, afin qu'elle soit prête pour le commencement de la campagne.

Après Bergues, on s'occupe de Gravelines. Le roi ne consent pas que l'on change pour le moment les contre-scarpes ; mais il accorde 1.212 livres 10 sols pour la construction de casernes capables de contenir 400 hommes ; plus 1.800 livres pour trois corps de garde qu'il faut faire dans le dehors de Gravelines, et 600 livres pour le corps de garde de l'ouvrage à corne en forme de réduit. Louvois ordonne de se servir « des briques de vieilles redoutes qui ne servent plus de rien. » Les devis avaient été établis par M. de Chazerat ; mais le ministre, avant d'envoyer les fonds, tient à savoir ce qui reste des crédits de l'année précédente. Il a demandé à M. le Boistel de Chatignonville un toisé des travaux exécutés, et il n'enverra qu'un appoint pour la présente année. Tout se fait donc avec un grand ordre et une stricte économie.

Cette lettre du 14 février 1675, longue et minutieuse, contenait des prescriptions si importantes pour les places dont M. de Chazerat était chargé, que le ministre revient sur

1675 elles le 12 mars. Il rappelle que la somme totale que le roi avait décidé de consacrer à ces places en 1675, était de 26.911 livres 10 sols ; mais il tient à en déduire la partie disponible des fonds accordés en 1674, et aussi 12.000 livres que les magistrats de Dunkerque ont données pour le pont qui est à faire à la porte dite de Nieuport. « J'ai tenu à vous le faire savoir pour vous informer de toutes choses. »

L'ingénieur, du reste, répond à cette confiance ; il ne laisse aucun travail en souffrance (1). A Dunkerque, il achève la porte de la citadelle, suivant le plan qu'il a envoyé ; il répare l'accident (2) arrivé à un des batardeaux par la faute des officiers de marine (3), et emploie de ce fait 3.600 livres ; il veille sur les écluses, et menace du cachot (4) quiconque les ouvrirait sans ordre. A Bergues (5), il s'attache à régler le régime des inondations factices, artificielles, sans lesquelles, en cas

(1) 20 février, St-Germain.

(2) 29 mars, Versailles.

(3) Louvois relève sans doute avec plaisir ce conflit avec la marine.

(4) 10 avril, Versailles.

(5) 13 avril, Versailles.

d'attaque, la ville ne serait qu'une méchante 1675
place ; il s'entend « avec MM. de Cazeaux et le Boistel de Chatignonville pour que les eaux douces y soient dans toute la hauteur qu'elles peuvent y être, le 12 du mois prochain, » c'est-à-dire le 12 mai, à cette date la campagne devait être engagée sur la frontière.

Dans une nouvelle lettre (1), ces ordres sont renouvelés avec cette mention spéciale : « dirigez les travaux de manière à ce que les eaux puissent être mises autour de Bergues pour le 12 ou 15 mai. » Le ministre ajoute, montrant en quelle estime est M. de Chazerat à la Cour : « le roi tient à ce que vous restiez où vous êtes pendant les premiers mois de la campagne pour vous jeter, en cas de besoin, dans les places que l'on pourra appréhender qui soient attaquées, et veiller en même temps à la perfection des travaux de celles dont vous êtes chargé de prendre soin. »

Au milieu des nombreux soucis de la campagne, il n'est pas un détail qui échappe à un ministre aussi attentif. Le 20 juin, du camp de Neufchâteau, il indique l'élargissement d'un fossé; le 27, de Versailles, il ordonne de

(1) 15 avril, Versailles.

1675 couvrir les casernes de Gravelines avec de la toile et non de la paille ; de faire couper les mauvaises herbes sur les remparts de Bergues, d'achever la carte des environs de Dunkerque et de Bergues et d'entreprendre celle du reste du pays ; le 12 août, de Versailles, il demande en quel état d'avancement se trouvent tous les travaux ; le 12 novembre, répondant aux plaintes « des entrepreneurs du gazonnage des remparts de Bergues » poursuivis par les propriétaires des terres sur lesquelles a été pris le gazon, il dit que le roi se charge des indemnités ; il importe, en effet, de soigner les gazons qui tiennent la terre des revêtements. En même temps il fait « réparer à Dunkerque le chemin couvert du bastion de la mer qui a été abimé par l'impétuosité de la mer ; » et le 3 décembre, de St-Germain, il étend à toutes les villes maritimes cet ordre de réparation.

Les troupes sont dans les quartiers d'hiver ; on peut donc préparer les travaux de l'année suivante (1) ; les devis pour l'entretien des villes et des citadelles, et spécialement de Dunkerque, ont été envoyés tels que M. de

(1) 11 décembre, St-Germain.

Chazerat les a établis, par les soins de M. le 1675
Boistel de Chatignonville. Ils seront soumis à M. de Vauban, ainsi que le projet des nouveaux travaux. Le ministre appelle même l'ingénieur pour « l'entretenir de ce qu'il lui mande au sujet d'une digue qu'il se propose de faire à Gravelines, sur l'avenue de Calais. » Cette prudence n'étonne pas ; on devait ménager la susceptibilité de Colbert au moment même où l'on empiétait sur ses attributions, en touchant à la partie maritime qui dans la place lui était réservée.

§ III. — Année 1676.

Le séjour de M. de Chazerat à la Cour ne 1676
fut certes pas long, et l'ordre lui fut promptement donné de retourner à son poste (1).

Le printemps arrive et la guerre va reprendre ; Louvois prend lui-même tout d'abord part à la campagne, et c'est son père le Tellier (2) qui enjoint de mettre l'eau douce dans les fossés et d'inonder tous les environs de Bergues. Du camp devant Condé, le 24 avril, Louvois à son tour prescrit d'empêcher

(1) 20 janvier, St-Germain.
(2) 1er et 9 avril, St-Germain.

1676 les paysans de rompre les digues qui retiennent et maintiennent l'inondation ; « s'ils les rompent, donnez m'en avis et le roi les fera châtier. »

La direction militaire se réservait avec raison le soin d'élever et d'abaisser le niveau des eaux, en fermant elle-même et en ouvrant les écluses ménagées de place en place. On les abaisse pour la réparation des travaux (1), pour le rehaussement à Bergues d'une redoute et de l'ouvrage à corne de la porte de Cassel ; on les élève ensuite pour assurer la défense (2); on les garde élevées même pendant l'hiver, et on fait casser la glace, comme à Dunkerque, pour mettre la place en sûreté. L'entretien et la réparation des canaux qui amènent l'eau restent à la charge des magistrats des villes (3).

Louvois s'occupe même des fanaux qui éclairent l'entrée des ports, bien que le soin en revienne certainement à son collègue de la marine. « Un sieur Hubert (4) a choisi un point éloigné du port pour bâtir à Dunkerque

(1) 28 août, Versailles.
(2) 21 décembre, St-Germain.
(3) 17 juin, du camp d'Azincourt.
(4) 12 septembre, Versailles.

une tour à fanal; il faut lui en faire choisir 1676
un autre et dire à quoi il sera déterminé avant d'y laisser travailler. » Le rapport de l'ingénieur ne se fit pas attendre: M. de Vauban s'était rendu à Dunkerque (1); il avait vu les plans; dès lors le choix de l'emplacement fut approuvé (2). Il n'y eut plus qu'à faire exécuter la volonté du roi.

Cette année même, M. de Chazerat avait été choisi par le roi pour servir en campagne (3) et pour accompagner les troupes qui devaient s'assembler à Dunkerque. « Il faut, lui dit Louvois, que vous vous mettiez en état de marcher avec elles et que vous exécutiez tout ce que le sieur le Boistel de Chatignonville vous fera savoir des intentions de Sa Majesté. » Mais soit que le rassemblement des troupes n'ait pas eu lieu, soit que la présence de M. de Chazerat à Dunkerque ait été jugée indispensable, il est certain qu'il ne partit pas et resta dans cette ville.

(1) 17 septembre, Versailles.
(2) 24 septembre, Versailles.
(3) 11 juillet, St-Germain.

§ IV. — Année 1677.

1677 L'année 1677 est remplie par de nombreux et importants travaux sur les frontières; il est donc naturel que M. de Chazerat ait reçu un grand nombre de dépêches; la correspondance pour cette année est considérable. Elle commence le 3 janvier par un reproche sur un retard de service. Le 12, Louvois recommande à l'ingénieur d'écrire à M. de Seignelay, fils de M. de Colbert, qui, l'année précédente, était déjà secrétaire d'Etat, au sujet de « l'établissement d'une barque longue pour escorter les matériaux de Dunkerque. » On touchait en effet en cette affaire aux attributions de la marine, et il était important d'éviter un conflit. M. de Chazerat est même appelé à St-Germain « pour conférer » sur ce point et sur d'autres. Il prend la poste, et comme les routes ne sont pas sûres dans toute la partie du territoire exposée aux incursions de l'ennemi, « montrez, dit le ministre, ma lettre aux gouverneurs pour qu'on vous escorte jusqu'à Montreuil; après vous n'en aurez plus besoin; vous resterez un demi-jour, et vous repartirez aussi promptement. »

Le service était pressant et le ministre, qui ne 1677
s'épargnait pas, n'épargnait pas les autres.

Une importante construction exigeait en effet des soins constants à Dunkerque (1), c'était celle du fort Louis « que Sa Majesté estime utile pour la sûreté de la place. » Comme il faut la pousser vigoureusement, on arrête les autres constructions, on remet à un autre temps les travaux de deux demi-lunes projetées, et on emploie les fonds qui leur avaient été assignés. L'intendant, M. le Boistel de Chatignonville, est prévenu et ne s'y opposera pas. Pour protéger le fort Louis, le roi prescrit la création d'un bassin porté d'abord à six vingts toises, et ramené ensuite à cent toises ; il demande en même temps un plan exact ; il tient encore à savoir ce que l'on fera de la terre enlevée et où l'on la portera, car elle doit être utilisée. La contenance du bassin sera bien déterminée, de manière à ce que l'on sache bien « ce qu'on pourra mettre d'eau aux plus basses marées. » Le ministre ajoute avec ses habitudes de minutieuse attention : « comme il ne faut pas se tromper, vous examinerez les choses pour

(1) 16 février, St-Germain.

1677 qu'elles soient faites au pied de la lettre, comme vous me le ferez espérer. »

A Gravelines, il s'agit de régulariser le lit de l'Aa. M. de Chazerat avait d'abord proposé « de faire un batardeau tout près de l'endroit où il doit prendre son cours à l'avenir pour aller gagner l'écluse ; » puis changeant d'idée, il proposa de le faire plus près de la mer. Le roi, pensant que tout avait été bien examiné, donne son approbation, et « trouve bon que l'on se serve de sapin, si l'on ne peut avoir de chêne. » Les fonds attribués à cet ouvrage seront sans doute dépassés ; M. le Boistel de Chatignonville a ordre « de faire payer des deniers de l'extraordinaire les deux mille et tant de livres que ce projet coûtera en plus » (1) et il doit être exécuté dès que la saison le permettra.

Nous avons à noter ici des évènements qui se produisent dans la carrière de M. de Chazerat, et qui auraient pu, l'enlevant aux villes de la côte, le porter dans l'intérieur des terres. M. de St-Pouange lui écrit de St-Germain, le 21 février, de se trouver à Douai, où M. de Vauban examinera les ingénieurs « en état

(1) 15 février, St-Germain.

de faire le service de la campagne, » et le 17 mars, du camp de Valenciennes, pour lui annoncer que le roi lui accorde la *majorité* de Valenciennes. « Aussitôt cet ordre reçu, vous vous y rendrez pour prendre les fonctions et prendre soin de toutes choses. » 1677

Il ne s'y rendit pas. Dès le 21 mars (à peine avait-il reçu la lettre que lui écrivait M. de St-Pouange), il était mandé à Aire, où passait le ministre, pour « conférer sur les places dont il a pris soin. » M. Dufrenoy (1) lui envoie bien la patente de la *majorité* de Valenciennes, mais il doit attendre à Dunkerque son successeur, M. de La Londe (2), qui s'y transportera incessamment ; et même lorsque M. de La Londe sera sur les lieux, « vous y demeurerez, prescrit Louvois, jusqu'à la fin de mai, pour lui donner une si parfaite connaissance de toutes choses qu'il puisse y servir utilement. » Le 18 mai, arrive un nouvel ordre de rester jusqu'à ce que M. de Vauban soit venu, ait réglé tout ce qu'il y avait à faire et levé toutes les difficultés d'exécution ; le 22, nouvel ordre de visiter toutes les places de la contrée; un passeport

(1) 3 avril, du camp de Cambrai.
(2) 5 mai, Tournay.

1677 accordé par le général espagnol (1) permet de passer sur le territoire ennemi, mais avec défense de s'en servir pour joindre les armées, car dès lors il deviendrait nul ; « en dérogeant à ce qu'il contient, on se mettrait en état de bonne prise. »

M. de La Londe n'occupe pas le poste de Dunkerque, et bien que pourvu de la majorité de Valenciennes, M. de Chazerat y resta. Il est en ces temps surtout préoccupé des inondations autour des places, au moyen de l'eau douce qui ne gâte pas la terre et la laisse propre à la culture. Ces places sont pour ainsi dire solidaires l'une de l'autre. Voici en effet ce que Louvois écrit (2): « M. de Vauban m'a assuré qu'au moyen du batardeau que l'on fait à Gravelines au travers de la rivière d'Aa, l'on pourrait, en ouvrant les écluses de Dunkerque et du fort Nieuley, mettre sous l'eau un grand pays, dont vous m'avez envoyé la carte, qui empêcherait qu'une armée qui se serait engagée au siège de Bergues s'en pût

(1) Don Carlos de Gurrea, Arragon et Borja, Ducq de Villa Hermosa, Comte de Luna, Gentilhomme de la Chambre du Roy, Lieutenant-Gouverneur et Capitaine-Général des Pays-Bas et de Bourgogne, etc.

(2) 13 juin, Versailles.

tirer, et comme il est bon de savoir sur quoi 1677
l'on peut compter en pareilles choses, je vous prie d'examiner avec les gens du pays si, sans le ruiner par l'eau salée, l'on ne pourrait pas, après que les fruits sont cueillis sur terre, en fermant l'écluse de Gravelines, celle de Dunkerque et du fort Nieuley, mettre sous l'eau douce tout le pays marqué dans la carte que vous m'avez envoyée, et combien de temps qu'il faudrait pour cet effet arrêter le cours de la rivière de l'Aa. »

Les mêmes préoccupations sont particulièrement exprimées (1) au sujet de Gravelines, dans une lettre qui a été adressée en même temps à M. de Chazerat et à M. le Boistel de Chatignonville. Comme l'introduction de l'eau de mer serait une ruine pour le pays, le ministre demande si « on ne pourrait pas, par une coupure à droite et à gauche du *guindal* (2), envoyer l'eau de l'Aa dans cette

(1) 15 juin, Versailles.

(2) *Guindal*, machine à enlever les fardeaux pour les charger sur les navires et même enlever les petits navires. On donnait le même nom à l'endroit même où la machine était établie. Il y en avait dans bon nombre de localités du pays : à Bergues, à Lynck et notamment à Bourbourg ; ces installations étaient connues en Flandre sous la désignation d'*overdragt*. C'est du guindal de Bourbourg qu'il est ici question.

1677 Haute-Colme que l'on m'a dit être de trois pieds plus basse que la rivière d'Aa. Quel effet ferait cette eau ainsi lâchée dans le pays ? En combien de temps pourrait-elle arriver à Bergues en faisant le même effet que les eaux des marées en pourraient faire. » Il serait opportun, et ce serait un grand avantage de supprimer « le guindal qui est à l'entrée de la Haute-Colme et de mettre à la place un *Saas* (1), par le moyen duquel les bateaux entrassent et sortissent plus facilement qu'ils ne font par un guindal. »

Le soin donné aux inondations ne détourne pas du travail des fortifications. Louvois envoie des ouvriers et un renfort de troupes qui fournira des travailleurs ; il presse l'achèvement de l'excavation du bassin du fort Louis, mais il l'arrête à deux pieds au-dessous du niveau de la campagne, se réservant de « parachever un troisième pied proposé par M. de Vauban, si Sa Majesté fait les fonds. Quant à la contre-scarpe, Sa Majesté s'est rendue aux raisons de M. de Vauban ; elle trouve bon qu'on l'accommode comme il veut. Il faut donc la couper suivant son plan et prendre

(1) *Saas*, *sas*, bassin compris entre les deux portes d'une écluse.

dans la partie du fort Louis la plus voisine 1677
de l'avant-fossé la terre nécessaire pour le parachèvement et le rehaussement de la contre-scarpe. »

Le fort Louis importait beaucoup à la sûreté de la place ; aussi, le roi veut-il (1) « que l'on travaille au revêtement, préférablement à toutes choses, et qu'on emploie le plus d'ouvriers possible. Il est bon sans doute (2) que la maçonnerie de la tenaille de la citadelle avance, mais le revêtement du fort Louis va fort lentement. Il faut le diligenter et y mettre tous les maçons qui travaillent à la tenaille. » Chaque semaine un compte était rendu de l'avancement des travaux de Dunkerque et de toutes les autres places, de Bergues par exemple, et aussi de Gravelines.

Cette dernière ville, en ce mois de septembre, est l'objet d'une grande sollicitude, non-seulement au sujet « des inondations environnantes que l'on peut obtenir, et dans un temps très court, en fermant l'Aa dans les marées basses, en ouvrant l'écluse au moment de la pleine mer, » mais encore au sujet des

(1) 2 septembre, Fontainebleau.
(2) 10 septembre, Fontainebleau.

1677 fortifications qui doivent être complétées.
« M. de Vauban propose un ouvrage à corne à la porte de Nieuport, en terre ; il coûterait néanmoins 50.000 livres. Le roi estimerait que l'on pourrait, pour décourager l'ennemi, se contenter d'une redoute revêtue, de 20 à 22 toises de face, à l'épreuve du canon, en forme de demi-lune, laquelle serait à peu près placée sur la prolongation de la ligne capitale du bastion de la reine, et serait autant avancée à la campagne qu'elle le pourrait être, en conservant toujours la défense du mousquet des contre-scarpes des demi-lunes de Nieuport et de Piedmont. Le parapet de cette redoute ne devrait surpasser que de sept à huit pieds le niveau de la campagne ; son fossé qui devrait être plein d'eau devrait avoir six pieds de profondeur. Le roi a l'intention de faire une excavation autour de la redoute du côté de la campagne, de sorte que du côté du chemin de Nieuport, c'est-à-dire de la face gauche, il y eut environ cinquante toises d'eau et de l'autre trente. Il suffirait que les six toises les plus proches de la demi-lune eussent six pieds de profondeur, et que l'on pût mettre deux pieds d'eau dans les marées communes dans le surplus de cette excavation. »

Nous revenons à Dunkerque (1) où M. de Vauban arrive pour presser les travaux du fort Louis, auxquels il emploie tous les chevaux de l'artillerie et du pays; on espère achever les revêtements avant l'hiver; on profite de la belle saison pour avancer l'excavation, qui reste, comme devant, arrêtée à deux pieds; on creusera le troisième l'année suivante. Elle sera fixée en quelques jours du côté de Bergues; puis on commencera du côté de la porte du fort; comme cette porte est voisine du canal de Bergues, le ministre pense qu'il vaut mieux s'attacher à la partie du fort qui est opposée à Furnes. Puis recommandant de ne pas s'occuper d'une redoute à laquelle le roi ne pensera que plus tard, il ajoute: « ne pourrait-on pas faire usage des eaux douces à Dunkerque, en faisant passer la plus grande partie de la rivière d'Aa par la haute Colme, et de là par le canal de Bergues à Dunkerque? l'écluse de Bergues étant fermée, ces eaux douces ne pourraient-elles point monter plus haut que les eaux de la mer, et ainsi se répandre dans des parties voisines des fortifications de Dunkerque, entre le canal de Furnes et la contre-garde 1677

(1) 13 et 17 septembre, Fontainebleau.

1677 du bastion royal où les eaux de la mer ne pourraient pas aller. »

Le maréchal d'Humières (1) envoie un nouveau bataillon suisse; les ouvriers qui s'y trouvent sont immédiatement employés au fort Louis. Il faut profiter du beau temps (2), et presser les travaux des murs, de leur revêtement et de l'excavation. Le ministre « avait cru que l'on aurait pu faire quelque usage utile des eaux *douces* (3) pour les fortifications de la place en faisant couler une grande partie de la rivière d'Aa par la Haute-Colme, et, de là, dans le canal de Bruges, mais M. de Chazerat lui ayant dit que cela était impossible, il renonce. »

A Bergues, le beau temps est mis à profit; les travaux avancent, et la provision de briques se complète; les matériaux abondent, et les revêtements pourront être achevés entre les portes de Cassel et de Dunkerque. Les ordres sont précis, et si précis que leur inexécution soulèverait à la Cour un vif mécon-

(1) 4 octobre, Versailles.

(2) 12 octobre, Versailles.

(3) 1er novembre, Versailles : le mot *douces* est ajouté de la main de Louvois.

tentement. Aucun changement ne doit être demandé, car il serait refusé. 1677

A Gravelines, la question des inondations revient encore (1). « Je vous envoie un plan, écrit Louvois; marquez-moi l'espace que vous croyez inonder avec l'eau douce. Renvoyez-le moi avec un mémoire qui me fasse entendre comment vous prétendez faire cette inondation, comment elle s'entretiendra, si les ennemis ne pourront point la saigner, quel effet les eaux des marées communes feront au-delà de la dite inondation, et ce qu'on pourrait attendre deux fois par mois des grandes marées. Retenues pendant dix ou douze jours, les eaux douces ne feraient-elles pas plus d'effet que les marées? Ne produiraient-elles pas une inondation qui empêcherait les communications des quartiers? »

Le 24 du même mois, il demande à M. de Chazerat « une nouvelle carte où l'effet des eaux sera mieux marqué que dans celle que vous m'avez envoyée. Quant à votre mémoire, il me marque si bien l'effet des eaux qu'il ne me reste aucun doute, ni pour les niveaux, ni pour le temps dans lequel les inondations

(1) 23 septembre, Fontainebleau.

1677 se pourraient faire, ni pour l'effet des petites digues que vous proposez. » Du-reste, les épreuves étaient communes avec Bergues et Dunkerque. Car le ministre ajoute : « Je voudrais bien savoir de combien l'eau de la Haute-Colme à Bergues, quand elle est retenue au dit Bergues autant que les écluses et les digues le peuvent permettre, est plus haute que les marées de pleine et nouvelle lune à Dunkerque. Prenez les niveaux bien exactement et me les envoyez. C'est aisé. Le niveau des marées est marqué aux écluses, celui des eaux douces dans le canal ; comparez avec la Haute-Colme. » Le 4 octobre, il fait encore travailler à l'épreuve des eaux, et demande « si l'on peut faire tous les *usages* (1) que vous proposez de la Haute-Colme, en laissant subsister le guindal en l'état où il est, ou s'il faut faire une écluse. » Il exige un mémoire ; il l'attendra, et aux explications qu'il réclame au sujet de Gravelines, il veut qu'on ajoute celles qui concernent Dunkerque (2) ; il s'agit toujours de noyer les envi-

(1) 4 octobre, Versailles : le mot *usages* est de la main de Louvois, il remplace le mot *ouvrages*, qui était une erreur. Comme il relisait !

(2) 12 et 20 octobre, Versailles.

rons des fortifications et de renouveler les épreuves. 1677

Il est évident que le plan d'inondation s'étend à toutes les places de la côte ; on sait que cette côte très basse a un caractère uniforme, et sur tous les points les mêmes conditions se présentent ; certaines parties se trouvent même au-dessous du niveau de la mer, et ainsi s'expliquent les projets d'inondation maritime ; St-Omer même y est compris. Les eaux doivent même y être plus hautes que dans les environs de Dunkerque et de Gravelines qui sont au même niveau ; et on peut de cette différence de profondeur tirer un grand avantage. « Mandez-moi, dit Louvois (1), d'où vient cette différence si considérable, et en cas que ce soit de ce que le pays par où passe la Haute-Colme soit trop bas pour que les eaux douces puissent remonter autour de Dunkerque, examinez si, en suivant le canal de Bourbourg, l'on ne pourrait pas faire remonter assez haut les eaux douces pour inonder quelque partie du terrain qui est entre le canal de Furnes et la contre-garde du bastion royal. »

(1) 1er novembre, Versailles.

1677 Du reste, afin d'être exactement renseigné, le ministre demande à M. de Chazerat un plan de chacune des places dont il est chargé, et sur chaque plan sera distinctement marqué le terrain environnant jusqu'aux limites de la portée du canon. « Vous ferez faire les dits plans (1) sur une échelle dont dix lignes, *mesure du roi*, feront cinquante toises. Il faut que vous observiez de marquer de couleur rouge les ouvrages revêtus pour les distinguer de ceux qui ne le sont pas, et de comprendre dans les ouvrages revêtus ceux ordonnés être faits dans la présente année, quoiqu'ils ne fussent pas encore achevés, et ceux que Sa Majesté ordonne présentement qui soient faits dans l'année prochaine. Je vous prie de ne point perdre de temps à faire travailler à ces plans et de me les envoyer dès qu'ils seront achevés. »

M. de Chazerat a-t-il fait travailler à ces plans? les a-t-il envoyés? nos lettres ne le disent pas. On pourrait en douter, car il est transporté sur un autre théâtre où nous l'accompagnerons.

(1) 20 octobre, Versailles.

CHAPITRE V.

Ypres. — Direction des fortifications

§ I. — Année 1678.

L'an 1678 marquera solennellement dans 1678
les annales de notre histoire ; la Hollande, fatiguée de la guerre, imposait la paix à son stathouder Guillaume. Louis XIV se montrait conciliant ; il abolissait le fameux tarif commercial de 1667 qui avait soulevé tant de réclamations et tant de haines ; et en rendant Maestricht aux Etats-Provinciaux, il apaisait les esprits aussi bien à Amsterdam qu'à La Haye. Guillaume cherchera en vain à continuer la guerre ; en vain il attaquera les troupes du duc de Luxembourg ; il avait cherché une victoire, il ne trouvera qu'une défaite ; il restait avec le regret d'avoir violé un traité qui n'était pas publié sans doute, mais qui était conclu ; et il fut réduit à le

1678 publier au mois d'août, à son grand désappointement. Cette paix de Nimègue laissait Louis XIV l'arbitre de l'Europe ; de nouvelles médailles furent frappées et le stathouder fut seul à s'irriter de l'exergue : *Pace in suas leges confecta*. La France avait réellement donné le repos à l'Europe, et quand elle décerna à son souverain le nom de *Grand*, les souverains européens en reconnurent la justesse et la vérité.

L'Espagne aurait eu plus qu'aucun autre Etat l'occasion de s'en plaindre ; car, situées entre la France et la Hollande, ses possessions belges avaient été, dans les dernières années, le champ de la lutte, et dans le traité qui avait terminé cette lutte, elle avait été fort maltraitée. Sans doute on lui rendait Gand, Charleroi, Audenarde et Courtrai qui avaient été occupées de force et qui avaient beaucoup souffert, mais on lui prenait Aire et St-Omer, les deux dernières villes de l'Artois ; Ypres et Cassel, dans la Flandre ; et sur l'Escaut, Cambrai, Bouchain, Valenciennes et Condé ; en Hainaut, Maubeuge ; Charlemont et Dinant sur la Meuse ; enfin, la Franche-Comté. Elle perdait aussi une belle province qu'elle avait à grand'peine conservée en 1668 à Aix-la-

Chapelle, et plus qu'une province dans ces 1678
vieux pays belges, qui, devenus Bourguignons, lui étaient arrivés avec Charles-Quint. En s'appauvrissant dans les vallées de l'Escaut, de la Sambre et de la Meuse, elle sentait fléchir son industrie et son commerce; que de fleurons manquaient à sa couronne, et combien peu lui en restaient !

L'Allemagne, en persévérant dans la guerre, ne devait pas être heureuse. Créqui maintint la fortune de la France sur le Rhin comme Luxembourg l'avait maintenue dans les Pays-Bas; l'empereur Léopold Ier fut battu à Gretxingen, à Rheinfeld et à Kehl, et il consentit à rester dans les limites du traité de Westphalie. Seulement il échangea Vieux-Brisach et Fribourg contre Philipsbourg. (1er février 1679).

Les affaires du Nord furent même réglées en France; Louis XIV n'abandonna pas ses vieux alliés, les Suédois. En juin 1679, le traité de St-Germain mit à la raison l'électeur de Brandebourg, et en septembre, celui de Fontainebleau le roi de Danemark.

Tant de gloire rejaillissait sur l'armée française, sur tous les corps vaillants qui la com-

1678 posaient, et sur l'arme du génie, qui bien qu'en formation et à peine reconnu, n'était par le dernier à l'honneur. Il avait pris les places pour s'y installer, et les murailles qu'il avait détruites, il s'empressait de les reconstruire ; il s'empressait de les rendre à l'avenir ce qu'elles n'avaient pas été pour lui, à les rendre imprenables. C'est ainsi que M. de Chazerat entre dans Ypres-la-Flamande; il y devient *directeur* des fortifications qui seront son œuvre, et il ne la quittera qu'en quittant le service militaire.

Nous avons devancé les évènements pour les expliquer ; la paix est instante, mais elle n'est pas conclue, et notre ingénieur, pendant les premiers mois de 1678, n'a pas eu poste fixe. Il grandit toutefois dans l'opinion du roi et du ministre, et par suite dans sa carrière. Le 13 janvier, il reçoit une commission pour commander dans Valenciennes, en l'absence du gouverneur et du lieutenant du roi ; et le 25 du même mois, la commission devient définitive ; il commande en chef dans cette place qui n'est pas encore française, mais qui va le devenir. Il doit cependant se tenir prêt à servir dans l'armée en qualité d'ingénieur ; une pension de 600 livres lui est accordée à

partir du 1er janvier ; elle lui sera payée sur 1678
sa demande par M. Le Pelletier, intendant en Flandre. « Il doit (1) se tenir aux ordres de M. de Vauban, et l'avertir tous les jours du lieu où il sera, afin qu'il sache où lui envoyer les ordres de ce qu'il aura à faire, pour l'exécution desquels il devra toujours se tenir prêt. La campagne ouverte, Sa Majesté se réserve de le payer sur un plus haut pied suivant l'état qui lui plaira. »

Le roi, qui sentait bien que la guerre finissait, se préparait à un voyage sur les frontières du Nord. Les équipages sont expédiés à Réthel, et Louvois, qui est parti d'avance, envoie à M. de Chazerat les ordres nécessaires : « il faut (2) que vous et les autres ingénieurs suiviez les équipages, faisant les mêmes journées qu'ils feront, sans vous en départir sous quelque prétexte que ce soit. »

Le roi se montrait aux populations que la guerre avait visitées et que la paix prochaine rassurait. Le 27 février, le ministre écrit du Quesnoy : « les chariots du roi n'ayant pu se rendre à La Capelle, j'ai mandé aux chevaux

(1) 16 janvier, St-Germain.
(2) 20 février, Commercy.

1678 de bâts de ne pas manquer de venir aujourd'hui. Vous *et tous les ingénieurs* (1) y serez ; partez de bonne heure pour vous rendre avant midi au lieu où ils doivent coucher. Leur commandant aura un billet qui vous apprendra la route qu'ils doivent suivre. Si, contre toute apparence, les chevaux de bâts n'arrivaient pas, vous observerez que le lieu où va *demain* (2) coucher l'artillerie et les vivres est le même qui a été prescrit aux chevaux de bâts du roi ; et c'est entre les mains de celui qui y commande que vous trouverez mon billet. » Suit une précaution sanitaire : « je vous prie d'avertir celui qui commande l'hôpital de suivre exactement les mêmes journées qui ont été prescrites aux chevaux de bâts du roi. » Il y avait donc un service médical ambulant qui accompagnait le voyage royal, toujours prêt, par conséquent, à donner un avis, un conseil, des soins, à soulager ceux qui ne se trouvaient qu'indisposés, à arrêter ceux qui tombaient réellement malades.

Le 28 on coucha à St-Amand, le 29 à

(1) Ces mots : *et tous les ingénieurs* sont de la main de Louvois.

(2) Le mot : *demain* est de la main de Louvois.

Audenarde, et le 30 à l'armée, où Louvois 1678
était déjà arrivé, et où il attendait avec impatience M. de Chazerat et « ses camarades », c'est-à-dire un service complet d'ingénieurs. Le voyage du roi n'était donc qu'une sorte d'inspection qui précédait l'entrée en campagne. Ce roi aimait à tout voir de ses yeux, à se rendre compte de l'état des troupes, à se tenir sur les lieux d'attaque. Il n'a jamais commandé les jours de bataille; il laissait cette lourde charge à ses généraux dont il connaissait le talent, même le génie. Ce n'étaient plus Turenne et Condé, mais c'étaient Luxembourg et Créqui. Il affectionnait les prises de ville; le travail lent et méthodique de la circonvallation convenait à la nature de son esprit plus clairvoyant que prompt. Vauban était l'homme qu'il préférait, et avec lui il choisissait l'endroit où la brèche devait s'ouvrir, où l'assaut devait se livrer; il se laissait attribuer le nom de Polyorcète, et il en était flatté.

La guerre, arrivant à son terme, ne donnait plus lieu à de nouvelles entreprises et à de nouveaux succès, et M. de Chazerat, n'ayant plus rien à faire à l'armée, fut renvoyé à Ypres qui était sa résidence définitive.

1678 Les premières instructions de Louvois, au sujet d'Ypres, sont datées de St-Germain et du 21 juin. Dans cette ville de nouvelle occupation, et dont l'abandon par l'Espagne ne devait être consacré que trois mois plus tard, tout était à faire, ou pour mieux dire à refaire. Il fallait démolir de vieux ouvrages que les officiers espagnols avaient tenu en mauvais état et en construire d'autres. Les places de Belgique avaient été longtemps si négligées qu'elles s'écroulaient d'elles-mêmes ; leurs portes s'ouvraient à la première sommation, et un général Espagnol avait pu dire avec indignation, en 1667, que le roi de France, au lieu d'envoyer contre elles ses soldats, aurait dû envoyer ses laquais et ses valets d'écurie. Le duc de Villa-Hermosa, dix ans plus tard, n'aurait pas renié ce cruel témoignage de l'incurie du roi Philippe IV et de son maladif successeur Charles II.

Les travaux pressent, car les traités ne sont pas encore acceptés. L'Allemagne est encore en armes, et si la guerre se rallume, Ypres peut être attaquée; et comment se défendrait-elle? La citadelle qui s'écroulait a été rasée, et à sa place on élève un ouvrage à corne, dit de la Citadelle, et des demi-lunes

qui en défendent les branches. « Vous ne me 1678
marquez point, dit Louvois, les mesures que l'on a prises pour la fondation du revêtement de cet ouvrage et pour faire provision de matériaux pour l'*achever* (1) l'année qui vient. — J'ai besoin du plan d'Ypres avec le mémoire des ouvrages que M. de Vauban y propose. Envoyez-le. »

Louvois ne se décide en aucun lieu que sur des plans fixes, et à plus forte raison à Ypres où tout est à créer; et plus que jamais il entre dans les moindres détails. Il loue l'ingénieur d'avoir converti en tâche, l'ouvrage qui se faisait à la journée, pour la démolition du château de la Motte-aux-Bois; il lui demande quelles mesures il a prises pour en utiliser les matériaux et les faire voiturer sur les ouvrages des fortifications. Avec quel ordre et quelle économie tout est entendu! M. de Chazerat a loué des chevaux aux entrepreneurs; il faut en toucher le prix et n'en plus louer. Quant aux matériaux à faire venir de Warneton (2), il serait trop cher de payer les voitures de transport. M. le Boistel de

(1) L'employé ou secrétaire avait mis revêtir; Louvois a corrigé et mis achever.

(2) 8 juillet, St-Germain.

1678 Chatignonville a reçu l'ordre de les faire voiturer par les chevaux de son département; le roi le veut ainsi. Les *fraizes* (frises sans doute) et palissades seront coupées dans la forêt de Niepe, et seront amenées à Ypres.

En ces premiers temps de la construction des fortifications nouvelles d'Ypres, M. de Vauban était souvent mis en demeure de donner son avis; c'était, en définitive, l'inspirateur et le directeur général des travaux; ses ordres, ses simples observations ont une grande portée. « S'il juge (1) à propos l'augmentation de l'épaisseur du revêtement de l'ouvrage à corne de la porte d'Anvers, il la faut donner et y faire travailler. » C'est Vauban qui envoie (2) l'état des ouvrages à faire à Ypres dans l'année. Mais Louvois trouve la dépense excessive, et il a besoin de l'ordre du roi, qui, comme il est à croire, en retranchera une partie. L'ingénieur ne doit pas, par conséquent, s'engager en dehors de la demi-lune qui couvre l'ouvrage à corne dit de la citadelle et qui la remplace, et il doit différer le reste. Le roi manifeste ses inten-

(1) 14 juillet, St-Germain.
(2) 24 juillet, St-Germain.

tions (1) sur les fortifications d'Ypres et le ministre les communique à M. de Vauban par une lettre, dont il envoie copie à M. de Chazerat, en demandant un avis. Cette copie passe par les mains de M. le Boistel de Chatignonville, et elle est accompagnée de la nouvelle que le roi fait les fonds nécessaires pour le rasement de l'ancienne citadelle, et qu'il approuve (2) que l'on travaille incessamment au bâtardeau proposé à la corne de *Thourout* (3). 1678

Louvois adresse à Vauban lui-même une lettre (4) sur Ypres, mais il la fait passer par les mains de M. de Chazerat, qui ne l'enverra qu'après en avoir pris deux copies, l'une pour lui, l'autre pour M. le Boistel de Chatignonville. De ce mode de correspondance, il résulte cet avantage que les ordres arrivent à peu

(1) 30 juillet, St-Germain.

(2) 5 août, St-Germain.

(3) Thourout est actuellement une petite ville, chef-lieu de canton de l'arrondissement de Bruges (Flandre occidentale); elle existait au XVIIe siècle et a donné son nom à l'ouvrage placé dans sa direction. Mais Louvois écrit inexactement le nom, tantôt Tourout, tantôt Touroutte, tantôt Touroux, et même on pourrait lire: Tourout, Touroutte, Touroux (lettre du 5 août 1678, de St-Germain).

(4) 30 août, Fontainebleau.

1678 près en même temps à celui qui les exécute et à celui qui en dirige l'exécution ; encore l'exécuteur les reçoit-il avant le directeur, et il peut prendre l'avance pour les travaux qui comprennent le bâtardeau du fossé de la corne de Thourout, les importantes réparations des chaussées, des grands étangs et des chemins couverts qui soutiennent les inondations de la place, et la construction des chaussées qui doivent fermer les petites rivières. Quant aux ouvrages d'Elverdinghe (1), il ne faut les commencer qu'après avoir pris les ordres de M. de Vauban ; et pour le marché des bois, il convient de s'entendre avec M. le Boistel de Chatignonville ; encore ne doit-on pas « s'amuser présentement à faire les traverses des ouvrages qui ont été ordonnés ; cela se pourra faire à loisir ; l'ouvrage d'Elverdinghe pourra être revêtu l'an prochain. »

Le 20 septembre, le ministre manifeste son contentement, et il ajoute : « aussitôt que vous apprendrez que la paix sera signée avec les Espagnols, ce qui ne peut tarder deux ou trois jours après que vous aurez reçu cette lettre, vous pourrez mettre bas les rivières

(1) Elverdinghe et une commune du canton et de l'arrondissement d'Ypres.

aux endroits où cela sera nécessaire pour 1678
l'avancement des travaux. » On n'aura à craindre ni incursion, ni attaque de l'ennemi; la cession de la place sera reconnue, et il ne sera plus utile de la tenir sur le pied de guerre. La lettre n'était pas partie que le ministre apprend la signature du traité avec l'Espagne, et de sa main, il ajoute en marge: « *depuis on a eu la nouvelle que la paix est signée.* » Ces quelques mots sont bien simples, et avec quels sentiments de joie et de juste fierté ils ont dû être écrits!

Les travaux sont en bon état, mais la cessation des hostilités va permettre de hâter (1) les réparations que l'on doit faire aux rivières, digues et chemins couverts; il importe qu'on n'ait pas à y revenir. Le mauvais temps arrive; il faut achever les travaux de maçonnerie. « (2) Montrez cette lettre à M. de la Trousse (le gouverneur sans doute), il donnera des ordres pour que la ville fournisse en payant tous les charrois dont l'on aura besoin. » Mais le roi n'entend pas (3) prendre à sa charge la construction des caves de la

(1) 27 septembre, Fontainebleau.
(2) 17 octobre, Versailles.
(3) 21 octobre, Versailles.

1678 ville : il ne veut pas même se charger de celles qui sont proposées dans le petit château de la châtellenie ; il veut en outre que le pays supporte la dépense du fort de la Knocke et paie les matériaux employés à la citadelle. Il demande en outre le détail des sommes payées, suivant le détail des crédits accordés. Mais il exige (1) que l'on accélère les travaux, afin qu'on emploie avant la gelée, tous les matériaux qu'elle pourrait faire périr.

§ II. — Année 1679.

1679 Le 3 novembre 1678, M. de Chazerat avait obtenu du roi un congé d'un mois, mais il ne devait le prendre qu'après avoir achevé les travaux qui avaient été résolus, et qu'après avoir remis entre les mains des entrepreneurs, aux termes de leurs marchés, les matériaux qui restaient en provision. Mais soit que le commencement de ce congé ait été retardé, soit qu'il se soit prolongé, nous ne trouvons aucune lettre entre le 3 novembre 1678 et le 20 mars 1679, date à laquelle le ministre demande des nouvelles des fortifications d'Ypres et exprime le désir d'en recevoir

(1) 26 octobre, Versailles.

toutes les semaines. M. de Chazerat venait 1679
sans doute de rentrer, et en son absence les rapports avec le ministère avaient été interrompus, ou du moins n'avaient pas été enregistrés avec assez de soin pour qu'il en ait gardé la relation dans ses papiers.

La paix était signée avec l'Empire depuis le mois de février ; il ne restait qu'à régler les affaires du Nord, et toute l'action diplomatique s'était transportée en France. Le roi pouvait donc la diriger à son gré, et sans inquiétude ; il imposait en réalité sa volonté, et l'enregistrement devait en être fait successivement en juin à Saint-Germain, et en septembre à Fontainebleau.

Il n'est donc plus nécessaire de hâter les travaux, et l'on peut y porter cette attention réfléchie qui était le trait distinctif du génie de Vauban. Comme il se plaît à tout prévoir, à tout prévenir ! La preuve nous en est fournie par une lettre qu'il écrit à Louvois en mars ; des accidents s'étaient produits au revêtement de quelques ouvrages d'Ypres. « Je suis d'avis, dit-il, pour les prévenir d'y faire des petits contre-forts extérieurs au pied pour l'appuyer, de six pieds en carré sur huit de fondation, et de les espacer de

1679 cinq toises à compter de milieu en milieu, les faisant toujours vis-à-vis des contre-forts de dedans, moyennant quoi il n'y aura plus rien à craindre de l'ouvrage ; mais cette réparation demande d'être faite incessamment et avant que d'achever la vidange des fossés (comme il connaît bien l'état des travaux). Il faudrait aussi faire la même chose à la corne d'Elverdinghe. Ce sera quatre-vingts ou cent toises de maçonnerie qu'il en coûtera de plus qui achèveront de nous mettre l'esprit en repos de ce côté, étant bien sûr qu'après cette réparation, il n'y aura plus rien de fâcheux. Quoique j'en laisse un mémoire à M. de Chazerat, il sera bon que vous preniez la peine de lui en faire savoir votre volonté ! »

Cette lettre de Vauban provoque l'envoi d'instructions très précises (1) concernant la maçonnerie des ouvrages que le roi avait ordonnés, et l'extraction dans les carrières des parpaings nécessaires. Cette extraction ne doit être faite qu'au fur et à mesure, et à partir du 15 avril, époque où la température sera douce et propice.

(1) 21 mars, St-Germain.

Le roi entre lui-même en scène (1), et il 1679
est aussi attentif que Louvois et Vauban. S'il accepte que pour cette année on fasse fournir par des entrepreneurs le bois des carrières, il veut que l'année suivante on le coupe dans la forêt de Niepe. Il se préoccupe de l'extension de la ligne de défense ; elle serait trop longue, si on faisait deux demi-bastions derrière l'ouvrage à corne de Thourout ; elle rencontre une église ; il faut ou la conserver, sauf à l'abattre en temps de guerre, ou la démolir tout de suite en versant les paroissiens dans les autres églises. Il ajoute au sujet des deux demi-bastions : « il n'y a aucune comparaison de l'obstacle que les ennemis trouveraient à la prise de la place par cet endroit lorsque les deux bastions seraient construits, avec celui qu'ils rencontreraient à la prise des deux demi-lunes qui se trouvent en arrière. Il n'y a même pas à faire aucune réflexion sur cela. »

Le roi annonçait du reste un voyage à Ypres. Il tenait à voir de ses propres yeux ce qui avait été fait, et à arrêter ce qui restait à faire. Il s'occupait (2) de toute chose

(1) 28 mars, St-Germain.
(2) 11 avril, St-Germain.

1679 et spécialement de l'état des bois autour de la ville et de ce qu'ils pourraient fournir (1). Il demande le plan du projet qui a été fait pour le front de la place derrière la corne d'Anvers, et les différents mémoires qu'il veut examiner. Pour réparer le temps perdu, il fait pousser le travail de la corne d'Anvers; « mais, ajoute le ministre (2), il faut bien se garder de prolonger assez les branches de l'ouvrage de cette corne pour qu'elles puissent empêcher la défense que les deux demi-lunes qui sont à leur côté doivent tirer du corps de la place. C'est à vous qui êtes sur les lieux, et cette confiance honore M. de Chazerat, à déterminer leur longueur de manière qu'elles ne soient prolongées qu'autant qu'elles n'empêcheront pas la défense. » Pour les palissades et les gazons, la réparation en est différée à une autre année, mais celle du fossé de la corne de Thourout est indispensable. Quant à l'église que rencontrent les fortifications, le roi décidera sur les lieux.

Il n'est pas un détail qui échappe. On demande (3) le plan de la basse-ville d'Ypres

(1) 20 avril, St-Germain.
(2) 26 avril, St-Germain.
(3) 30 avril, St-Germain.

et l'estimation de l'ouvrage à corne que le roi 1679
a proposé d'y construire; on approuve la réparation des brêches que l'eau a faites au talus extérieur de la corne de Thourout, et un peu plus tard (1) le dessein qu'ont les entrepreneurs de faire provision de briques pour l'année suivante. Louvois, qui accompagnera le roi dans son voyage, verra s'il faut ôter les palissades des vieux ouvrages. « En attendant, ne souffrez pas qu'il s'en perde aucune sans m'en avertir, et faites entendre aux officiers majors que Sa Majesté leur fera payer sur leurs appointements toutes celles qui seront dissipées. »

Il a les plans et les mémoires (2) pour l'ouvrage à corne de la basse-ville, mais il faut être sur les lieux pour décider. « Il approuve la pensée de faire un bâtardeau de maçonnerie pour traverser l'avant-fossé de la grande redoute qui a été faite l'année dernière dans l'inondation de la porte de Messines (3), et d'autant plus qu'il voit que la

(1) 3 mai, St-Germain.

(2) 11 mai, St-Germain.

(3) C'est la porte d'Ypres par laquelle sortait de la ville la route qui se dirige vers Messines, aujourd'hui chef-lieu de canton de l'arrondissement d'Ypres. — Les fortifications d'Ypres sont actuellement rasées.

1679 dépense en étant bien ménagée n'excédera pas les fonds faits pour le parachèvement de cette redoute. »

A la fin du mois ce sont les fours à chaux qui l'occupent (1); ils sont en marche, et en août il donnera de l'argent aux entrepreneurs pour qu'ils paient les briques qu'ils doivent mettre en provision. Il faut trente millions de briques. Mais il est inutile de faire provision jusqu'à ce chiffre; il suffit qu'on ait ce qu'il faut pour aller jusqu'en avril et mai 1680. Pour le charbon nécessaire au chauffage des fours, la provision doit être faite au complet, afin qu'on soit sûr d'achever l'an prochain les trente millions de briques. Le roi donnera 12 à 15.000 livres, qui s'ajouteront aux économies faites sur les autres ouvrages, et particulièrement sur le glacis de la corne d'Anvers, et qui permettront de faire le redressement du fossé.

Le ministre revient sur la recommandation qu'il a si souvent faite : « Avertissez-moi de toutes choses. » Les parapets de la corne d'Anvers n'avaient pas été compris dans le marché des entrepreneurs; M. le Boistel de Chatignonville les donnera au rabais.

(1) 29 mai, St-Germain.

Les ordres donnés au sujet des anciennes 1679
palissades aux environs des fortifications n'avaient pas été strictement observés; il en avait été pris, volé; la punition suit le délit, avec une promptitude et une sévérité qui prouvent que rien n'était indifférent au grand ministre. « J'écris à M. le Boistel de Chatignonville que l'intention du roi est que tout ce qu'il a de perdu soit payé aux dépens des appointements de l'état-major, sauf au lieutenant du roi d'avoir son recours contre ceux qu'il découvrira qui seront coupables. »

Le 26 juin, il s'inquiète du retard apporté dans la fabrication des briques; empêchera-t-il la fin des ouvrages ordonnés cette année? Il se réjouit le 29 d'avoir appris les progrès du revêtement de la citadelle; mais il s'étonne de ne pas avoir de renseignements sur le prix de la main-d'œuvre, sur celui des voitures employées; il les demande et les attend.

Le mois de juillet se passa dans l'attente du voyage tant annoncé du roi Louis XIV, qui avait été retenu à St-Germain par les négociations du traité qui mit la paix entre l'Electeur de Brandebourg et la Suède. Restait sans doute encore le Danemark qui n'avait pas désarmé; mais on était à peu près

1679 sûr de lui, et le mois de septembre ne devait pas en effet s'écouler sans que la pacification des états du Nord ne fût complète.

Le roi tenait à visiter les villes nouvellement conquises, à se montrer aux nouveaux Français, et à leur témoigner un juste intérêt en déterminant lui-même la nature et l'importance des travaux que ces villes réclamaient comme indispensables. Elles avaient changé de maître; il fallait bien qu'elles eussent les avantages du changement. On les pare même pour que les yeux du roi soient séduits à leur approche; on complète les palissades et les gazonnements (1); on arrête les plans, les mémoires et les estimations. Le voyage s'accomplit entre le 25 juillet et le 29 du mois d'août. C'est ce que l'on peut établir d'après les dates mêmes des lettres du ministre.

En ce temps un ouvrage attirait spécialement l'attention; le nom de la corne d'Anvers revient en effet à tout propos; il s'agit de réparer les palissades, de relever les revêtements, sans employer de contreforts, ce qui permettra de faire une grande économie.

(1) 11, 18 et 20 juillet, St-Germain.

La porte d'Anvers devait, par sa position 1679
voisine de la mer, se rattacher au ministère de la marine (1); car pour éviter un conflit, le ministre Louvois fait envoyer au ministre Colbert une copie du plan des travaux; il ordonne toutefois que sur ce plan, les terrains qu'occupent les fortifications soient seuls indiqués, et non les fortifications. Vraiment cette division d'attributions était subtile et fâcheuse, et ne pouvait que nuire au bon aménagement des places maritimes.

Les travaux se succèdent à cette porte importante. M. de Chazerat jugeait à propos de changer le pont de la demi-lune de l'ouvrage à corne et de la porter de la face droite à la face gauche. Le roi consent à cette dépense, le 13 septembre, de Paris; et le consentement est renouvelé de Chaville, le 20 septembre. Mais des accidents se produisent; les déblais du revêtement du fossé ne sont pas suffisamment soutenus et s'écroulent; la face même de la corne a poussé; il faut la retenir; autrement on serait obligé de la

(1) Ypres est à une grande distance de la mer; mais d'après la lettre de Louvois il est évident que la partie occidentale des fortifications avait été attribuée au ministère de la Marine.

1679 décharger ou même de la démolir ; dans ce dernier cas, ce serait *aux dépens des entrepreneurs* (1) ; il convient de les rendre responsables. La saison n'est pas propice ; la maçonnerie ne pourra avoir de solidité qu'au printemps.

Un nouvel accident se produit (2) à la branche droite de la corne d'Anvers ; mais comme M. de Vauban est sur les lieux, il dira lui-même comment on doit le réparer.

L'attention se porte encore sur d'autres points, sur la porte de Messines (3), par exemple, et aussi sur la citadelle (4) ; les glacis qui y environnent les chemins couverts doivent avoir vingt toises d'étendue. Toute la ville sera du reste mise en complète défense. M. de Chazerat profite de la présence de M. de Vauban pour arrêter les travaux de la nouvelle citadelle (5) ; il dresse les plans sur lesquels chaque ouvrage de fortification est chiffré ; de cette façon dans

(1) Ces mots : *aux dépens des entrepreneurs*, sont de la main de Louvois. — 10, 12 et 17 octobre, Chaville et St-Germain.

(2) 7 novembre, Paris.

(3) 29 août, St-Germain.

(4) 26 septembre, Chaville.

(5) 18 octobre, St-Germain.

la correspondance du ministre, il n'aura plus 1679
besoin de reproduire les noms ; il donnera les chiffres.

Le ministre a fait faire pour le roi un livre des fortifications (1) ; Ypres y figurera à côté des autres villes, et au moyen de numéros, toute chose sera promptement vue et comprise. L'importance des travaux ressortira, et par suite la nécessité de l'envoi régulier des fonds directement appropriés à chacun d'eux. Les retards seront plus aisément constatés ; et dès qu'ils se produiront, ils pourront être promptement réparés.

Ici se place une lettre de M. de Vauban, dont la copie a été envoyée à M. de Chazerat. Elle est si importante que nous devons l'analyser ; elle renferme le programme des travaux de l'année suivante. Elle a été provoquée du reste par un mémoire du directeur des fortifications d'Ypres. « D'après ce mémoire, le roi a résolu de faire achever la corne d'Anvers, la redoute de Zillebeke, la corne d'Elverdinghe, de faire deux bastions dans la basse-ville et la courtine qui les joint ensemble, et les deux courtines qui doivent joindre

(1) 5 novembre, Paris.

1679 les deux bastions aux deux demi-lunes qui resteront à faire pour joindre la basse-ville aux fossés de la place. Il semble qu'il conviendrait de faire des oreillons aux flancs qui défendront le front de la basse-ville. »

Le ministre prend ensuite lui-même la parole: « J'approuve les précautions que vous prenez pour renforcer le profil afin d'éviter l'inconvénient qui est arrivé à la porte d'Anvers; mais comme c'est à l'avantage des entrepreneurs qui auront plus de maçonnerie, ils devront faire une diminution sur le prix. — Il n'est pas juste non plus de leur payer 40 livres la toise cube des ouvrages qu'ils relèvent à cette porte d'Anvers; les matériaux étant sur les lieux, 25 livres suffisent. — Il faut que je m'entende avec le sieur de Chazerat; je lui demande de venir en poste. — En attendant, que les entrepreneurs continuent le travail des briques, le remuement des terres que la saison permet. — J'envoie 10,000 écus à compte. — Le sieur de Chazerat sera ici dans sept ou huit jours. Je réglerai aussitôt les fonds susdits, et ordonnerai au trésorier d'en envoyer assez sur les lieux pour que les entrepreneurs n'en puissent manquer ».

Comme cette lettre peint bien le ministre 1679
à qui aucun détail n'est étranger, à qui rien n'échappe! Le 29 novembre, il revient sur l'envoi de la copie, et enjoint à M. de Chazerat de venir, afin que le roi puisse régler de concert avec lui, en pleine connaissance des faits, la dépense qu'il veut faire à Ypres en 1680.

§ III. — Année 1680.

L'Europe était en paix et la France triom- 1680
phante ; la politique presque séculaire de Henri IV, de Richelieu et de Mazarin s'est encore une fois imposée. Mais la paix ne peut être qu'une préparation de la guerre ; trop d'intérêts et trop d'ambitions ont été froissés ; les souverains se sont rendus, mais en frémissant ; le stathouder de la Hollande compte sur l'avenir pour se venger de ses défaites. La dernière surtout, celle qu'il a provoquée même après la signature de la paix par les Etats hollandais, lui est odieuse ; le souvenir ne peut s'en éteindre que dans une victoire, et cette victoire il l'attend de son génie, du concours de ses alliés et du temps.

Louvois le sait bien, aussi s'empresse-t-il

1680 de mettre en défense les villes de la frontière, de les pourvoir de soldats. Le roi entre dans sa pensée ; il veut savoir combien d'hommes sont employés (1) aux travaux des places qu'on fortifie. Ypres doit envoyer chaque mois dès la première semaine « un mémoire d'hommes, séparé de la lettre d'envoi, et aussi des chevaux employés. »

Un accident est arrivé à la corne d'Elverdinghe ; la nouvelle est venue par un sieur Cambon et aussi par M. de Chazerat qui reçoit les avis suivants : « (2) Je vois qu'on n'a pas fondé assez bas ; l'épaisseur ne manque pas ; il faut fonder au moins quatre pieds plus bas que le fonds du fossé. Si on fascine bien les terres derrière, qu'on ne mette ensuite de la terre que pour couvrir les fascines, et si on ne laisse pas séjourner les terres derrière, il n'y aura aucune incommodité. »

Dans une lettre qu'il écrit de St-Germain, le 7 avril, à M. le Boistel de Chatignonville, et dont il envoie la copie à M. de Chazerat, le ministre insiste sur la manière dont il entend l'établissement des fondations : « Il

(1) 20 mars, St-Germain.
(2) 2 avril, St-Germain.

me paraît que les fondations ne se font pas 1680
par coffre, se faisant plus avant que le fond des fossés; il me semble qu'il ne faut pas penser à y mettre des pilotis de garde, et qu'à l'égard de la maçonnerie qui peut être fondée sans coffre, je suis toujours persuadé que fondant au moins quatre pieds plus bas que le fond du fossé, et y ajoutant quelques pilotis de garde, ou quelques contreforts extérieurs arrasés à la hauteur du fond du fossé, l'on remédiera aux accidents qui sont arrivés, et si l'on juge à propos de faire des ventouses, on le peut faire. A l'égard de la fondation des contreforts, elle me paraît inutile au delà du bon fond aussi bien que l'arrangement des fascines plus bas que la fondation des dits contreforts. Au surplus, il ne peut être que fort à propos de faire le remblai des terres à mesure que la maçonnerie s'élèvera, et il est aisé de voir dans l'avis des Robelins (probablement des ingénieurs) que les fascines qui ont été livrées l'année dernière étaient de mauvaise qualité, ce qui me surprend.» Louvois connaissait la capacité et l'honnêteté de M. le Boistel de Chatignonville, et il le savait incapable de souffrir un pareil désordre. Il se défie des Robelins ; ils ont

1680 dressé un mémoire sur les accidents arrivés aux ouvrages de la ville d'Ypres ; il l'envoie à l'intendant pour qu'il presse l'avis du sieur Volant (1). Il renverra le tout avec les profils que n'approuvent pas les Robelins, et ceux que proposera Volant.

L'accident arrivé à la corne d'Elverdinghe devait être réparé aux dépens des entrepreneurs, qui, suivant un rapport très circonstancié, se sont servis de chaux de mauvaise qualité ou du moins mal fusée. L'attention du ministre s'était déjà portée sur la qualité de la chaux, et il avait demandé à M. de Chazerat (2) « de lui expliquer la différence qu'il y a de la chaux de Warneton à celle de St-Omer, ce qu'elle coûte plus l'une que l'autre, et de lui envoyer copie de l'endroit du devis et du marché qui parle de l'emploi de ces deux chaux. » La chaux de Warneton avait été reconnue la meilleure. « Le roi veut (3) qu'à l'avenir on

(1) Quel est le sieur Volant que le ministre désigne ici en passant et auquel toutefois il semble accorder du crédit ? Un ingénieur sans doute, adjoint à M. de Chazerat auquel il se trouve ainsi recommandé.

(2) 2 Avril, St-Germain.

(3) 7 Avril, St-Germain.

emploie de la chaux de Warneton, et que 1680
toute celle qui ne se fondra pas bien à l'eau et qui restera en rigauts dans les bassins, soit jetée sans être employée dans les mortiers. » Dans une nouvelle lettre (1), la chaux de St-Omer est absolument condamnée ; les serviteurs du roi tiendront la main à ce que les entrepreneurs n'emploient que celle de Warneton.

Ce mois d'avril est entièrement consacré aux fondations d'Ypres et à leurs profils. Volant a fait des propositions, et elles paraissent cadrer avec celles de M. de Vauban qui met au moins six pieds de profondeur de fondation. « Aux endroits où vous le jugerez nécessaire, dit le ministre à M. de Chazerat, ajoutez-y des contreforts extérieurs, ainsi que je vous l'ai expliqué dans ma précédente lettre, moyennant quoi je suis persuadé qu'avec un exact fascinage et des évents il n'arrivera plus d'inconvénients. »

Le sieur Volant, dont nous ne pouvons établir la qualité, avait une réelle importance. Le ministre l'estima. Il n'est pas complètement attaché aux fortifications d'Ypres ; il

(1) 11 Avril, St-Germain.

1680 n'y venait que de temps en temps, et à chaque voyage donnait son avis, comme le constate la lettre du 13 avril, datée de St-Germain : « Je vous envoie la lettre du sieur Volant ; vous verrez son avis sur le revêtement de la basse ville d'Ypres. Je lui recommande d'y aller tous les huit jours ; faites exécuter ponctuellement ce qu'il aura résolu. » C'était mettre sous les ordres du sieur Volant M. de Chazerat qui faisait sans doute quelques réserves et défendait ses propres intentions. « Je ne puis rien vous dire (1) sur tout ce que vous me mandez des fondations d'Ypres, si ce n'est qu'il faut suivre l'avis du sieur Volant, qui est le plus entendu à ces sortes d'ouvrages de tous les gens qui servent le roi. » L'éloge est complet, et donne une haute idée de la valeur du personnage. « Je lui ai dit d'y aller tous les huit jours, au moins tous les quinze, et de vous envoyer deux charpentiers pour entreprendre les coffres qui sont à faire pour les fondations. Priez-le d'examiner s'il convient de fonder les contreforts aussi bas que les revêtements ; en ce cas, faites exécuter. Quant aux fascines mauvaises, il ne suffit pas d'avoir fait payer

(1) 14 Avril, St-Germain.

l'amende à l'entrepreneur ; il ne faut pas souffrir qu'il s'en emploie qui ne soient pas conformes au devis. » 1680

Le 29 avril, Louvois insiste encore, et l'on voit toute l'importance qu'il y attache, sur les réparations qu'exigent les éboulements de la corne d'Elverdinghe, et sur les moyens de les prévenir. « Vous avez les plans et les mémoires du sieur Volant. Je vous envoie ceux que m'adresse M. le Boistel de Chatignonville. Pour la plus sûreté des ouvrages, conformez-vous à ce qui est convenu avec le sieur Volant » ; et de sa main il a ajouté : « *Suivez son avis sur la manière de fonder la basse ville.* »

Les communications étaient rapides et telles que pouvait les souhaiter l'activité du ministre. Le 30 avril, il répond à une lettre écrite le 27 par M. de Chazerat : « J'examinerai lorsque je serai à Ypres ce que les entrepreneurs peuvent prétendre en considération de la dépense qu'il faut pour coffrer dans les fondations. Sachez ce qu'elle sera pour m'en rendre compte. »

Le sieur Volant a paru soudainement dans les lettres de Louvois ; nous ne le retrouve-

1680 rons plus. Il est évident qu'il occupait une position considérable dans le Nord de la France, et qu'il avait fait apprécier dans les travaux des fortifications sa perspicacité et son mérite. Il fit sans doute ressortir celui de M. de Chazerat, car depuis lors il ne lui fut plus adjoint à Ypres.

Cette année encore, le roi se propose de visiter les places de nouvelle acquisition; il veut, par sa présence, y déterminer des sentiments d'affection et il veut, en pressant les travaux qu'il y fait faire, leur témoigner un intérêt qui pour être nouveau n'est que plus vif et plus efficace. Il faut donc que les entrepreneurs se hâtent; aux encouragements on joint la menace: « Cela (1) leur fera redoubler de zèle. Mandez-moi l'effet produit. Si les travaux ordonnés cette année ne sont pas achevés en septembre prochain, ils seront mis en prison jusqu'au printemps. » Il tient absolument à ce que les brèches de l'ouvrage à corne d'Elverdinghe soient raccommodées quant à la maçonnerie lorsque le roi passera à Ypres, et à cet effet, « j'approuve la manière dont vous avez permis aux entrepreneurs de

(1) 21 Juin, Fontainebleau.

faire leur mortier. Vous craignez que l'argent 1680
leur manque à cause des déductions qu'on leur a faites. Quand je serai sur les lieux, je leur ferai rendre justice ; mais (et ici il faut comprendre les justes exigences du ministre qui fait toujours prédominer l'intérêt de l'État) si j'apprends que leur ouvrage ait été retardé sous ce prétexte, ils se repentiront. Vous pouvez les avertir. »

Le roi est parti ; il est déjà à Montreuil ; et le ministre continue ses rigoureux avertissements ; il faut que le roi soit satisfait. « J'écris (1), sachez-le, à M. le Boistel de Chatignonville de ne laisser manquer d'argent les entrepreneurs jusqu'à mon arrivée. Mais si je trouve que celui du roi a été détourné, il sera fait un exemple desdits entrepreneurs qui apprendra aux autres à se mieux conduire. »

Et que de précautions pour que tout soit succès dans le voyage royal. M. de Vauban, d'Ypres où il était le 11 juillet, avait adressé un rapport sur les fortifications du Nord. Louvois envoie à M. de Chazerat l'article qui concerne Ypres, afin qu'il se mette en me-

(1) 18 Juillet, Montreuil.

1680 sure d'exposer toutes les modifications et toutes les améliorations qui sont proposées et qu'il exécutera après le passage du roi. Le 29 juillet, de Dunkerque, les ordres sont donnés « pour qu'il n'y ait que les ouvriers qui ne sont pas des troupes qui travaillent aux fortifications d'Ypres le jour où le roi y arrivera. » Le roi savait bien que l'on mettait des soldats aux divers travaux des fortifications ; il avait même ordonné qu'on les mît, mais pour que l'entrée fût solennelle, il était indispensable de grouper tout l'effectif ; les honneurs rendus, les ouvriers de la troupe déposeront le mousquet pour reprendre la pioche.

Le roi a passé par Ypres, et de Philippeville, le 16 août, le ministre s'informe de la reprise des travaux, et particulièrement au sujet des cornes d'Anvers et d'Elverdinghe. Puis de Stenay, le 23 août, il aborde une affaire qui l'occupera longtemps et qui a dû être discutée devant le roi sur les lieux mêmes, c'est celle qui concerne les étangs de Dickebusch et de Zillebeke. Nous retrouvons les préparatifs d'inondation factice, qui ont pris tant d'importance dans la défense des villes de Dunkerque, Gravelines et Bergues ;

il faut, à un moment donné, en cas de siége, 1680
tenir au moyen de l'eau l'ennemi loin des remparts. Cette pratique si constamment en usage au XVIIe siècle n'est pas abandonnée ; elle a encore aujourd'hui sa valeur et son efficacité. Ne venons-nous pas d'apprendre qu'autour de Strasbourg et de Metz des chaussées s'élèvent qui permettront d'inonder les plaines environnantes dans un rayon de sept kilomètres ? Ce regain d'une mesure qui avait eu longtemps de la faveur et qui l'avait perdue, donne un nouvel intérêt aux travaux hydrauliques du directeur des fortifications d'Ypres.

Le terrain autour d'Ypres est bas et marécageux ; sur quelques points il se trouve même au-dessous du niveau de la mer, comme toutes les côtes de la Belgique et de la Hollande et comme de vastes pays de Hollande, même éloignés des côtes. Il était donc possible de créer une inondation maritime, inondation dangereuse toutefois pour les terres dans lesquelles elle détruit pour quelque temps la fécondité. On l'avait redoutée autour de Gravelines, on la redoute autour d'Ypres ; et à Ypres comme à Gravelines on cherche à créer une inondation d'eau douce.

1680 Deux étangs se rencontrent à peu de distance, les étangs de Dickebusch et de Zillebeke (1), dont le roi veut emprunter les eaux; il a demandé un devis pour l'élargissement et le rehaussement des digues qui faciliteront la retenue d'un volume d'eau plus considérable ; il ordonne d'y travailler sans relâche et de rehausser particulièrement de deux pieds la chaussée du dit étang de Zillebeke. « Vous observerez qu'il faut que les talus des chaussées du côté de l'eau ayent trois pieds de talus pour pied de hauteur et que les déchargeoirs ne doivent avoir que trois ou quatre pouces de contrepente au lieu d'un pied que vous mettez dans votre avis. Il faut laisser une *berme* (2) de dix toises au pied extérieur de la chaussée de Zillebeke. Il ne faut pas penser à couper à plomb, par retraites ou banquettes rendues *pencharises* (3) sur le derrière, les talus des chaussées, cette dépense étant d'autant plus inutile qu'il n'y a point à appréhender

(1) 23 Août, Stenay.

(2) Le mot *berme* ne se trouve pas dans la langue française ; mais d'après le sens de la phrase, il veut certainement dire *espace*.

(3) Encore un mot qui n'est pas français, mais que l'on peut remplacer par *penchées*.

que les terres coulent quand on leur aura 1680
donné les talus dessus prescrits. — Il n'est point non plus nécessaire de battre les terres à la réserve de celles que vous mettrez sur la superficie de la chaussée ; mais il serait pernicieux d'y mettre des fascines. — Vous vous appliquerez à faire exécuter tout de la manière dont je vous le marque, et vous aurez soin d'en donner copie à Le Boistel. »

Le voyage royal est terminé ; le ministre a trouvé à Versailles les plans et devis du directeur des fortifications d'Ypres, et spécialement une lettre du 21 août qu'il ne connaissait pas quand il a écrit de Stenay le 23. Il renvoie (1) les plans ; M. de Vauban ne tardera pas à passer sur les lieux ; M. de Chazerat devra se concerter avec lui pour savoir « où les redoutes doivent être placées, de quel profil on devra se servir pour les faire, et ce que l'on devra observer de plus particulier dans leur construction. — M. de Vauban règlera la manière dont doivent être faites les portes de la basse ville ; l'architecture doit être simple et de la moindre dépense que faire se pourra. » Le ministre approuve

(1) 17 Septembre, Versailles.

1680 le changement de plan d'une des portes et, avec une attention minutieuse, il entre dans les plus petits détails; il prévoit l'emploi que l'on pourra faire des terres superflues provenant des excavations de la branche droite de la basse ville, se référant à ce que pourra dire M. de Vauban; à propos d'un hangar qui est proposé par un M. Dumetz, il recommande de comprendre la demande des bois dans celle qui sera faite dans les coupes de la forêt de Nieppe pour les autres travaux.

Il revient sur les travaux qui concernent les étangs de Dickebusch et de Zillebeke : « Ne tenez pas compte (1) de ce que dit l'éclusier d'Ypres ; faites, comme je l'ai dit, le pavé des déchargeoirs qui durera, pourvu que vous suiviez bien mes indications. — J'approuve fort le parti que vous prenez d'augmenter le talus intérieur des chaussées afin que le gazon plat puisse être moins endommagé. — J'attendrai la carte que vous devez m'envoyer pour entendre ce que c'est que les nouveaux réservoirs que vous proposez. J'ai de la peine à croire que des *robinets* de

(1) 21 Septembre, Versailles. — La lettre portait le mot *tuyaux*, Louvois a corrigé de sa main et mis *robinets*.

bois puissent réussir. Faites-en un et mandez-moi l'issue. — Récrivez-moi vers le 15 du mois prochain ; je ferai partir l'homme qui doit porter les soupapes. » 1680

Le ministre distingue avec un grand soin des travaux qui incombent à l'État, les travaux qui incombent à la ville, et il ne se laisse pas tromper. L'eau des étangs de Dickebusch et de Zillebeke arrivait à la ville par des fossés qu'il était nécessaire de curer et d'élargir ; ces fossés pouvaient activer en cas de siége les inondations, mais en temps ordinaire, ils faisaient marcher des moulins. Louvois déclare que « c'est à la ville (1) pour avoir de l'eau à curer les fossés et à les élargir. » Il ajoutera le 2 octobre : « la ville jouit des moulins ; qu'elle fasse les réparations nécessaires pour que les eaux lui viennent plus facilement. »

Il voit avec plaisir que l'on pourra l'an prochain faire plus de diligence en poursuivant les travaux ordonnés par le roi et en laissant à part ceux de la ville. L'argent ne manquera pas ; il demande pour arrêter le total de la dépense à venir « un état des

(1) 1 et 2 octobre, Versailles.

1680 fonds nécessaires pour mettre en leur perfection les ouvrages qu'il sera praticable d'entreprendre. »

Des rapports, des rapports, Louvois en demande sans cesse ; et pour être renseigné comme il le désire, il envoie des modèles ; il exige que « tout profil (1) soit traversé de lignes marquant la hauteur à laquelle seront les revêtements au moment où vous m'écrirez, et la hauteur qu'il doit atteindre. Je verrai tout d'un coup l'état auquel sera l'ouvrage et ce qu'il restera à lui donner d'élévation pour le mettre en la perfection. » Il s'étonne que les travaux n'avancent pas davantage. Il a tant recommandé les cornes d'Anvers et d'Elverdinghe ; il les croyait en leur perfection, et il apprend qu'on a fondé seulement quelques-uns des contreforts intérieurs ordonnés au revêtement. L'année avance; le mauvais temps arrive; il remet à une autre année le revêtement d'une demi-lune. « Il faut cesser la maçonnerie et la couvrir pour que l'hiver ne l'endommage pas ; et il demande un toisé des ouvrages faits par les entrepreneurs afin que le roi sache où il en est avec eux. »

(1) 1 et 2 octobre, Versailles.

Il demande des rapports et des dessins 1680
bien clairs (1) ; il ne faut pas que les profils soient surchargés, que des bastions et des courtines soient présentés d'ensemble ; à chaque ouvrage, un profil ; et pour la basse ville qui est assez étendue, deux profils sont nécessaires. Dans une lettre du 20 octobre, il recommandera absolument de ne mettre sur un profil, dans le compte-rendu des ouvrages, qu'un bastion ou une courtine.

La maçonnerie continue parce que le temps est assez bon ; mais dès qu'il se débandera, on la couvrira. Il est inutile de faire des contreforts extérieurs aux demi-lunes des ouvrages à corne, ni à la courtine de celui d'Elverdinghe.

Le ministre ne perd pas de vue les étangs de Zillebeke (2) et de Dickebusch ; il envoie le plan et le profil de la maçonnerie qu'il faut faire pour placer les soupapes. Ces étangs l'intéressaient au plus haut point, car ils lui permettaient d'opérer ces inondations artificielles si importantes en ces temps et peut-

(1) 9 octobre, Versailles.

(2) Nous trouvons ici le nom écrit Zelbeck et non Zillebeke ; plus loin il sera écrit Zelleberg, même Zellebec.

1680 être même encore aujourd'hui pour la défense des places. Il leur consacre presque entièrement ses lettres de la fin de l'année 1680 ; et nous ne pouvons mieux les faire connaître qu'en les analysant.

« Vous voulez (1) augmenter les réservoirs d'eau, mais ni le mémoire ni le plan ne marquent quelle serait l'étendue des réservoirs et la différence de leurs niveaux ; je vous les renvoie. Adressez-moi une carte où je verrai les anciens et les nouveaux réservoirs, leur étendue lorsque l'eau sera montée jusqu'au niveau des déchargeoirs de superficie qui doivent être plus bas de deux piéds que le niveau de leurs chaussées. Pour faire connaître la hauteur des chaussées de chacun et la différence du niveau. Inutile de faire de nouveaux réservoirs au-dessous de l'étang de Zillebeke si on y attire une plus grande quantité d'eau. Mais pourrait-on, sans dépense considérable, pratiquer de nouveaux réservoirs au-dessous de l'étang de Dickebusch, c'est-à-dire entre l'étang et la place? que coûterait chacun d'eux ? »

En temps ordinaire, en temps de paix, il

(1) 15 octobre, Versailles.

n'est pas question d'inondations ; les eaux des 1680
étangs ne servent qu'à emplir les fossés ; mais il est nécessaire de les bien diriger, de les régler à leur arrivée, de les faire passer dans tous les fossés. « J'ai besoin d'un mémoire qui m'instruise de l'effet et de la nécessité des bâtardeaux que vous proposez autour de la basse ville, des aqueducs que vous dites qu'il faut faire pour communiquer les eaux du fossé de la basse ville au bout de la branche gauche avec celles de l'avant-fossé de la ville haute par dessous le lit de l'égout, moyennant lequel aqueduc et l'approfondissement de l'avant-fossé vous marquez que l'on pourra faire un beau jet d'eau sans vous expliquer plus clairement ; vous parlez d'un autre pour communiquer les eaux d'un bassin à un autre (du bastion 25 au bastion 24) et pour mettre quand on voudra tous les fossés et les inondations de la basse ville à sec, mais pour que ce soit intelligible, il faudrait un mémoire. » S'il n'y a pas nécessité de prolonger des bâtardeaux, il s'y oppose ; ne pourrait-on pas faire de terre les sept ou huit toises qui sont du côté des ouvrages extérieurs ?

» Vous proposez de supprimer le bâtardeau de la branche droite de l'ouvrage de Thourout

1680 en rehaussant de trois pieds celui de la branche gauche et les chemins couverts qui en sont voisins, expliquez-moi les raisons qui vous déterminent. Vous proposez aussi deux bâtardeaux à la tenaille extérieure de la corne d'Elverdinghe, ne suffirait-il pas d'en faire un seulement à la branche droite? Marquez aussi ce que coûteraient les réservoirs à faire au-dessous de Zillebeke et à la porte de Courtray. » Il veut absolument arriver à la plus grande clarté possible. « M. de Vauban doit être à Lille, allez lui communiquer vos mémoires, et venez ensuite en poste me les apporter, et me dire *de bouche* ce qu'il vous aura dit. Je n'écris pas à Le Boistel, donnez-lui copie de ma lettre. »

La lettre du 22 octobre, écrite encore de Versailles, a trait encore au service des eaux, et les instructions qu'elle contient sont tracées d'une main ferme et portent l'empreinte d'un esprit résolu. Il y est parlé d'abord des soupapes : « Si vous voulez vous servir utilement de l'invention des soupapes dont je vous ai envoyé le mémoire, il ne faut point les placer dans les écluses qui sont au milieu de la chaussée, mais bien dans un des côtés à l'endroit où la chaussée n'aura que six pieds

de haut ; et l'épargne d'une toise cube de 1680
maçonnerie qu'il faut au plus pour placer ces soupapes, et une auge de bois de huit ou dix pouces en carré pour communiquer de l'étang dans le puits, et de quatre ou cinq toises de tuyaux de fer pour communiquer de la soupape au derrière de la chaussée, ne vous doit point porter à rien changer au dessin que je vous ai envoyé.

» Je ne sais ce que vous voulez dire quand vous marquez que l'exécution de ce que vous proposez épargnera le plancher pour la chute d'eau, puisqu'il ne faut aucun plancher au bout des tuyaux et au derrière de la chaussée, et que si vous les posez justement à l'endroit où la chaussée aura six ou huit pieds de haut, le bout extérieur des tuyaux sera au niveau de la terre, et l'eau qui sortira ne tombera que de deux ou trois.

» Je ne puis rien comprendre au fragment de carte que vous m'avez envoyé, qu'il ne soit accompagné de niveaux et de profils. Je vous dirai seulement que vous devez examiner si en faisant un plus long chemin vous ne pourriez pas trouver moyen de faire communiquer l'étang que vous proposez de faire sur le chemin de Courtray à celui de Zillebeke

1680 par des fossés qui n'auraient au plus haut endroit que quatre à cinq pieds de hauteur, ce qui coûterait une dépense bien moins considérable.

» J'ai de la peine à comprendre aussi comment il peut être besoin d'un profil réduit de huit toises cubes par toise courante pour faire la communication de l'étang que vous proposez avec celui de Zillebeke, et encore moins comment il doit coûter 11.000 livres pour faire une écluse qui n'est en aucune façon du monde nécessaire à cet étang, puisque deux soupapes d'un pied de diamètre chacune, qui pourront coûter 300 ou 400 écus avec toute leur suite, suffiront pour en tirer toute l'eau que l'on voudra. — Nous causerons de cela quand vous viendrez ici, mais venez avec les profils que je vous ai demandés. »

N'utiliser les eaux pures et limpides de toutes les sources des ruisseaux qui forment les étangs de Zillebeke et de Dickebusch que pour emplir des fossés et couvrir des terres basses d'une inondation artificielle, ne semblait pas une œuvre suffisante. Un aussi grand esprit que Louvois voyait tout ce qui devait et pouvait sortir d'une entreprise. Pourquoi dès lors laisser sans emploi en

temps de paix des eaux que l'on aménageait 1680
avec tant de soin, et que des conduites menaient avec tant d'à-propos dans les plaines qui environnaient Ypres et dans les fossés qui l'entouraient ? N'était-il pas opportun de les faire servir à l'entretien et à la fécondité des champs de céréales et des jardins maraîchers ? et mieux encore de les faire entrer dans les murs, et de les distribuer dans tous les quartiers pour les besoins des habitants ? Ne serait-ce pas leur distribuer en même temps la santé, qu'ils devraient à la salubrité de leurs boissons et à la propreté de leurs rues, de leurs maisons, de leurs vêtements et de leurs personnes? Un sieur de la Trousse avait dressé tout un plan de répartition et en avait arrêté le devis. Mais, toujours prudent, le ministre écrit à M. de Chazerat(1) : « Auparavant que d'engager le roi à la dépense que M. de la Trousse propose pour amener la bonne eau dans Ypres, il est nécessaire d'examiner la possibilité de la proposition qu'il a faite. Pour cela, je vous prie de me marquer sur la carte que vous me devez apporter le lieu où sont les fontaines, leur niveau comparé avec celui de la grande place d'Ypres, de me

(1) 23 octobre, Versailles.

1680 marquer sur la dite carte avec des points le terrain où l'on prétend poser les tuyaux, et de m'apporter un nivelage pris de dix toises en dix toises, en suivant les chemins par où on prétend poser les tuyaux. J'ai besoin outre cela que vous jaugiez l'eau de chaque source afin de savoir combien elle jette de pouces présentement. »

Et dans quels détails il descend ! Comme il sait tout et prévoit tout ! « Pour jauger une fontaine, il faut faire un petit bâtardeau pour la faire regonfler environ d'un pied de haut, sur le couronnement duquel vous mettrez un tuyau par lequel toute l'eau de la fontaine puisse couler. Après que vous l'aurez laissée trois ou quatre jours en cet état, vous pourrez alors jauger l'eau. Il faut pour cela avoir une boîte de fer-blanc d'environ un pied carré, laquelle soit percée de deux ou trois trous ronds qui aient chacun un demi-pouce de diamètre, en sorte que le bord extérieur de chacun de ces trous soit au même niveau, et que la caisse de fer-blanc soit d'un pouce plus haute que les dits trous, dont vous fermerez et ouvrirez une partie jusqu'à ce que vous trouviez que l'eau qui tombera dans la caisse puisse fournir les trous qui seront

ouverts et en couvrir la partie supérieure 1680
environ d'une demi-ligne de haut. Vous jugez bien que ce que je vous prescris doit être observé avec beaucoup d'exactitude. »

Il ajoute le 6 novembre : « Il me paraît (1) inutile de songer à amener de l'eau à Ypres, s'il n'y a au moins deux pouces, et que vous devez observer que l'eau qui a un mauvais goût ne l'aurait pas si on la prenait avant qu'elle passât dans les marais et les étangs. »

Il apprend que les sources peuvent fournir de la bonne eau à Ypres, il s'en réjouit, et il écrit à M. Le Boistel de Chatignonville (2) de comprendre dans les bois qu'il demandera dans la forêt de Nieppe ceux qui seront nécessaires pour la conduire. Il n'y aura de dépense que pour les creuser et les enterrer. Pour ceux qui seront dans l'eau on se servira de bois d'aulne (3) suffisamment bon et résistant, et de chêne pour les autres. Les chênes que l'on prendra doivent mesurer dix pouces de France en tous sens.

C'est aussi avec des bois de la forêt de

(1) 6 novembre, Versailles.
(2) 13 novembre, Versailles.
(3) 24 novembre, Versailles.

1680 Nieppe que s'établissent les conduits de communication entre les différents réservoirs, et particulièrement entre ceux qui dépendent de l'étang de Zillebeke. Il paraît que M. de Chazerat (1) n'avait pas bien compris le dessin qui lui avait été envoyé pour les soupapes à mettre à l'étang de Zillebeke ; la pose était défectueuse, et cependant il avait été bien indiqué qu'il ne serait plus possible d'y toucher une fois qu'elles seraient posées, et que l'eau serait montée dessus.

Mais cette grande et importante affaire de l'aménagement et de la conduite des eaux dans la plaine, dans les fossés et dans la ville ne fait pas oublier à Louvois les autres travaux dont l'exécution est indispensable. Le 15 octobre, il approuve un marché de charpenterie et de pilotage ; il fait préparer pour l'année suivante beaucoup de terre à briques, et du charbon pour les faire cuire ; il commande de la chaux, des parpaings. Le roi ne fera pas de demi-lunes en avant des ouvrages de la basse ville ; et il évitera la dépense d'une porte moyennant un chemin couvert. Pour approuver la construction d'une redou-

(1) 3 novembre, Versailles.

te, il réclame un profil qui fasse connaître 1680
quelle élévation l'ingénieur prétend donner à cet ouvrage, la profondeur du fossé, et le niveau de terrain qui s'étend autour dans un rayon de vingt toises.

Un arsenal est projeté à Ypres; l'ingénieur doit faire connaître le prix; et « comme il n'est question que d'une halle propre à mettre des effets à couvert, il semble qu'il ne pourrait coûter que la main-d'œuvre des bois, ce qui ne serait pas une dépense considérable. Il importe aussi de connaître ce que coûterait l'arsenal de La Quenocque (1). »

« Avant le voyage que M. de Chazerat fera à Versailles, il devra achever les toisés des ouvrages qui ont été faits à Ypres l'an passé et celui-ci, et les apporter avec un mémoire de l'argent qui a été payé aux entrepreneurs et de leurs prétentions afin qu'on puisse voir de quoi ils sont redevables. Il apportera aussi la carte des environs de Courtray, et il prendra les mesures pour que les travaux continuent en son absence autant que la saison le permettra. »

Le 22 octobre, Louvois autorise le directeur

(1) La Knocke.

1680 « à faire tirer la terre nécessaire pour faire faire auprès de La Quenocque (Knocke) les briques nécessaires pour la construction des bâtardeaux et pour l'ornement des portes fortifiées. »

Le 28 octobre, il envoie le modèle que le roi a arrêté pour les casernes à construire avec les recommandations suivantes: « Vous y conformer à l'avenir dans les places de votre département ; ne rien changer sans donner avis et recevoir ordre. » La discipline bien établie s'impose et ne souffre pas de résistance; elle est toutefois intelligente et prête à fléchir devant des observations justes. Il en a été fait par plusieurs ingénieurs ; le plan-modèle des casernes a été critiqué ; le roi revient le 11 novembre sur sa lettre du 28 octobre : « En tous cas le susdit plan et ses profils ne déterminent pas les dimensions, et par conséquent se prêtent à des exécutions diverses suivant les besoins ; il faut avant tout arriver à la meilleure construction des casernes et à leur plus grande commodité. » Peut-on mieux s'exprimer ; la tenacité du roi et de son ministre n'est pas de l'entêtement. Et quelle suite dans les idées ! Il n'est pas un détail qui ne les intéresse. Louvois s'occupe même d'une pompe qu'a inventée un sieur Perrot, auquel il enjoint de l'apporter à Versailles. Il tient à connaître (1) le nombre des ouvriers employés, à en avoir le compte chaque mois, non plus à la première semaine, mais à la dernière. Le contrôle du travail et de la dépense sera plus aisé et plus sûr; il portera sur tout ce qui a été fait et sur tout ce qui a été payé. 1680

Si des soldats sont employés (2) aux travaux des fortifications des places, leur paie est réglée par une ordonnance; les gouverneurs et les intendants prêtent l'assistance nécessaire pour qu'elle soit observée: « veillez à ce qu'on ne leur donne pas de trop fortes journées; qu'ils travaillent assidûment et diligemment gagnant bien leur argent. »

Le 27 décembre, au sujet des adjudications des travaux de l'année 1681, Louvois prévient M. de Chazerat qu'il a mandé à M. le Boistel de Chatignonville que « l'intention de Sa Majesté est de préférer les anciens entrepreneurs aux nouveaux qui même mettraient au-dessus, pourvu qu'ils donnent caution de

(1) 11 novembre, Versailles.
(2) 29 décembre, St-Germain.

1680 faire moitié dans la présente année, moitié dans la suivante, et que les cautions soient si bonnes que l'on ne puisse plus tomber dans l'état où l'on est. »

Cette dernière phrase atteste que malgré toutes les précautions dont on entourait les adjudications, les entrepreneurs trompaient sur l'état de leur fortune, sur le compte des ressources et des moyens de travail dont ils disposaient. Des retards se produisaient dans l'exécution des travaux ; les plans n'étaient pas exactement suivis ; les matériaux n'étaient pas toujours de bonne qualité ; il était juste de se mettre en garde et d'exiger qu'ils engageassent leurs biens. « Mais le roi ne réservera sur ces biens aucune prétention que celle de l'exécution des ouvrages. » Au XVIIe siècle comme de nos jours, la lutte existait entre l'État et les entrepreneurs qu'il employait, ces derniers cherchant en toutes choses leur avantage. Louis XIV les surveille, les punit s'ils trompent, mais en somme avec une justice si modérée qu'ils ne peuvent que s'humilier devant elle.

§ IV. — Année 1681.

La première lettre (1) de l'année 1681 1681
donne à M. de Chazerat des explications qu'il avait demandées au sujet du paiement des journées des soldats qui travaillent aux fortifications. Pourrait-on employer des monnaies non françaises qui ont cours dans les villes de nouvelle conquête que le traité de Nimègue a attribuées à la France? Non, « on ne peut parler d'autre monnaie que celle de la France et il est sans difficulté que les soldats doivent gagner neuf à dix sols par jour, *argent de France*, selon la saison. » Ces mots *argent de France* sont de la main de Louvois; il insiste donc pour qu'on ne donne ni argent d'Espagne ni argent de Hollande. Les soldats tenaient sans doute à la monnaie qui leur était habituellement donnée pour leur solde, et qu'ils savaient, sans doute par expérience, meilleure que celle des autres pays.

Dès le lendemain (2) reparait le souci des

(1) 14 janvier, St-Germain.
(2) 15 janvier, St-Germain.

1681 entrepreneurs. Des désordres se sont produits dans la maçonnerie d'un petit bâtardeau construit pendant l'absence de M. de Chazerat qui s'était rendu à la cour sur l'appel du ministre. Il faut à l'avenir éviter de pareils inconvénients, et le moyen c'est de bien choisir les entrepreneurs. M. le Boistel de Chatignonville a traité avec un nouveau Monboutique pour les ouvrages à faire à Ypres en 1681 et en 1682. Peut-on avoir confiance en lui ? Pourquoi ne pas se servir des anciens entrepreneurs que l'on connaît ? Le roi ne refuse pas toutefois son agrément, si ceux de l'an dernier ne sont pas en état de fournir avant le 20 février les cautions demandées, mais il préfère les anciens ; il est même bien disposé en leur faveur, car ayant appris que l'un deux, un nommé Butzel, prétendait que s'il était hors de la prison, où il avait été mis sans doute pour quelque défaut d'accomplissement du cahier des charges, il lui serait plus facile de verser les cautions, le roi trouve bon qu'il en sorte. Il aime mieux les services d'un homme dont il a eu à se plaindre, mais qu'il connaît, que ceux d'un inconnu, qui peut être meilleur, mais qui peut être pire. Un mal prévu est

presque évité. C'est ce que M. de Chazerat 1681
est chargé d'expliquer aux anciens et aux nouveaux entrepreneurs.

Les mêmes instructions sont envoyées à M. Desmadrys, et, dans le cas où ce dernier ne serait pas à Ypres, à M. de La Neuville, afin que Butzel soit mis en liberté.

Que sont MM. Desmadrys et de La Neuville? Probablement des entrepreneurs généraux de travaux. C'est du moins sous ce titre que ces messieurs seront bientôt désignés et sans grands égards, car les mots qui précèdent sont : un nommé ; un monsieur. (1)

Le roi veut qu'on se conforme à son intention, et ce qui prouve bien qu'il persiste dans la pensée d'avoir affaire avec un ancien entrepreneur, qui cependant avait été coupable, il demande qu'on lui rende compte de semaine en semaine de ce que fait Butzel

(1) MM. Desmadrys et de Neuville n'étaient-ils que des entrepreneurs généraux ? Une note que me transmet M. Bonvarlet, président du *Comité Flamand de France*, m'amène à en douter. Un M. Desmadrys a été plus tard intendant en France et un M. de Neuville attaché au gouvernement de Dunkerque. Louvois était dur pour ceux qu'il employait, ne les ménageait pas et les traitait souvent sans égards.

1681 pour se continuer dans l'entreprise. Il exige en même temps qu'on tienne « la main pour que les préparatifs nécessaires pour l'avancement des ouvrages ne soient pas retardés. »

Un maître briqueteur (1), Fortry, a des prétentions contre les entrepreneurs des fortifications d'Ypres. Louvois charge M. de Chazerat de les examiner et de donner son avis sur la réponse qu'il y a à *lui* faire (2).

Ces entrepreneurs trompaient sans doute sur les traités, car, le 16 février, le roi rend une ordonnance « pour empêcher les abus qui pourraient se commettre dans ceux qui seront faits dorénavant au sujet des ouvrages des fortifications. Conformez-vous à cette ordonnance, et donnez avis de ceux qui s'en départiront en la moindre chose que ce puisse être. »

La vigilance du roi et du ministre est très grande, et partout ils exigent cette même vigilance de tous ceux qui les servent. En renouvelant, le 20 février, la commission

(1) 25 janvier, St-Germain.

(2) Le mot *lui* est de la main de Louvois. Cette correction presque inutile prouve avec quelle attention scrupuleuse il relisait les lettres qu'il faisait envoyer.

de M. de Chazerat, le ministre lui écrit : « Le 1681
roi vous a choisi pour continuer à prendre soin des fortifications d'Ypres ; je vous en donne avis afin que vous continuiez à les diriger comme vous avez fait jusqu'à présent. » Il ne se contente pas d'écrire au Directeur, il écrit à un de ses subordonnés sans doute, *un Monsieur* Desmadrys (sic), un chef des entrepreneurs, et il lui mande « de prendre, pendant le temps qu'on travaillera à la maçonnerie, le nombre nécessaire d'inspecteurs, à raison de dix écus par mois. Leur nombre doit être augmenté ou diminué suivant les besoins. Mais Sa Majesté défend qu'il soit employé d'autres gens que des officiers et des sergents des garnisons des places, des noms et qualités desquels Sa Majesté désire que vous m'envoyiez des états tous les mois, en m'adressant le mémoire des ouvriers que vous avez ordre de me faire tenir. » Le 22 mai, le roi intervient lui-même dans le choix des inspecteurs ; il désigne par exception, « sans conséquence pour d'autres », le lieutenant de la garnison de Doullens.

Rien ne devait donc être omis, et le roi tenait à être complètement au courant des

1681 travaux. La rémunération n'est pas forte pour les inspecteurs, trente livres par mois, et elle est donnée à des sous-officiers, même à des officiers. On était en droit de beaucoup exiger, comptant sur le zèle et sur la conscience de serviteurs qui trouvaient dans leur dévouement leur première récompense. Ajoutons que pour chaque inspection, on cherche les hommes vraiment capables. Le roi envoie de Lille (1) à Ypres un sieur Perrot pour l'inspection de l'ouvrage qui doit se faire à la fontaine sur la demande du directeur, qui le croit plus capable qu'un autre.

Nous voyons nettement comment étaient organisés les travaux ; des entrepreneurs s'en chargeaient à la suite d'adjudications établies avec le plus grand soin et dont les conditions, après avoir été bien définies, étaient exigées avec rigueur. Ces entrepreneurs étaient surveillés par des inspecteurs, qui relevaient d'entrepreneurs généraux; M. Desmadrys était l'un d'eux, et il avait pour collègue un sieur La Neuville, désigné même *un nommé* La Neuville, qui ne doit

(1) 2 juillet, Versailles.

se mêler que de la conduite de la maçonnerie, 1681
« avec défense de se mêler d'autre chose ; sur le vu de cette lettre, M. l'intendant lui en donnera l'ordre. »

Ce La Neuville, si lestement désigné, devait avoir cependant une réelle importance ; d'après une lettre du 4 juin, il devait être, en même temps qu'entrepreneur général, ou gouverneur ou commandant de La Quénocque (1), car le ministre, qui écrit alors M. de La Neuville, engage M. de Chazerat à lui « demander un petit détachement de la garnison, qu'il ne refusera pas, lui montrant cette lettre. » Il s'agit d'emprunter à La Quénocque (Knocke) des soldats ouvriers pour défourner les briques blanches que l'on faisait faire aux environs de la poste.

Aux marchés par adjudication s'ajoutaient des marchés particuliers souvent recommandés ; mais pour ces derniers comme pour les premiers, les toisés les plus stricts sont exécutés ; une ordonnance du roi exige que les copies qui sont envoyées au ministère soient signées du directeur et des officiers

(1) La Knocke.

1681 majors de la place, et que chaque copie soit comparée au toisé général qui doit faire foi.

S'il se fait une surcharge à ce toisé général, par exemple, pour le rehaussement des contre-escarpes ordonnées entre les portes de Messines et de Bailleul pour soutenir les inondations artificielles, il faut tenir compte aux entrepreneurs de la différence.

Le roi paie bien, mais il veut être bien servi, et il tient à la rigoureuse exécution des marchés. Les nommés Courcol et Beaussart se sont engagés à fournir des *grais* dont on a besoin à Ypres; qu'ils les fournissent, ou qu'on les mette en prison.

Si nous entrons dans le détail des travaux, nous verrons qu'il n'était laissé aucune place aux négligences, et que la surveillance s'étendait aux plus petites choses. Le 19 avril, de Meudon, le ministre écrit à M. de Chazerat : « J'approuve que vous fassiez de bons et grands contreforts extérieurs de la largeur de douze pieds chacun, de la manière que vous les proposez pour empêcher que le désordre qui est arrivé au bâtardeau qui a été fait en votre absence d'Ypres, ne puisse préjudicier à la maçonnerie ; faites-y travailler incessamment. »

Cette lettre est accompagnée d'une autre 1681
lettre (1) écrite par un des principaux employés du ministère, M. Fontaine. Elle a rapport aux travaux de Dixmude. Deux plans sont envoyés à M. de Chazerat « qui doit prendre son temps et les examiner sur les lieux, entrant par une porte et sortant par l'autre, lequel des deux est le plus conforme à l'état de la place. Il les renverra avec un mémoire des remarques qu'il aura faites. » Cette lettre se termine par des assurances de dévouement et d'obéissance, qui prouvent que le Directeur des fortifications d'Ypres était tenu en haute estime et en haute considération.

Si le roi paie bien, comme nous le disions tout à l'heure, il désire payer le moins cher possible. Aussi, tout en approuvant (2) la démolition de trois maisons nécessitée par la construction de l'arsenal près du couvent des Dominicains, il enjoint à M. Desmadrys, un des entrepreneurs généraux, « de voir ce qu'il y a à faire pour le dédommagement au meilleur marché de ceux à qui elles sont. » Il

(1) 19 avril, Paris.
(2) 21 avril, Meudon.

1681 n'y avait pas, en ces temps, de commissions réglant par voie judiciaire les indemnités d'expropriation ; le roi les déterminait d'après les rapports de ses agents, à l'amiable, et, comme on le voit, avec l'intention de satisfaire les expropriés. L'esprit de justice se révèle dans toutes ses résolutions, et on doit lui en savoir un grand gré, car elles étaient souveraines.

Dans les lettres du mois de mai, Louvois demande des comptes exacts sur les divers ouvrages, des profils, des plans qu'il envoie à M. de Vauban, pour qu'il donne des éclaircissements ; il insiste sur les plans de Nieuport, qui doivent être accompagnés d'un mémoire qui lui fasse connaître l'état des travaux de cette place. Rien ne se fait qu'à bon escient, au meilleur marché possible, et avec attribution des dépenses non-seulement au roi, mais aux divers intéressés. Ainsi pour la réparation (1) des portes du sas de Boesinghe et le nettoiement de l'entrée du havre, le roi consent à payer le tiers des frais ; mais il laisse les deux autres tiers à la trésorerie spéciale d'Ypres et aux entrepreneurs. C'est

(1) 16 juin, Versailles.

sur ce pied seulement que son approbation 1681
est donnée.

Les nouveaux travaux d'Ypres ne pouvaient être uniquement désignés par des chiffres ou par de vieux noms qui ne répondaient pas à l'importance qu'ils avaient prise et qui rappelaient l'état ancien et défectueux, et non l'état actuel et florissant. Le roi choisit des noms dans sa propre famille; il emprunta ceux de ses généraux et de ses meilleurs serviteurs, et non-seulement pour Ypres, mais pour toutes les places récemment restaurées. C'était habile et juste; c'était rehausser dans l'esprit des populations les soins qu'il prenait d'elles, et c'était honorer des hommes qui usaient même et sacrifiaient leur vie au service de la France.

Pour un homme comme Louvois, rien n'était indigne de son attention. Il fait (1) différer le gazonnage de la basse-ville d'Ypres, et attendre *l'arrière*-saison (2); « l'ouvrage sera meilleur; il faut en outre faire une

(1) 17 juin, Versailles.

(2) 25 juin, Versailles. Le rédacteur de la lettre avait mis *nouvelle saison*, Louvois a barré le mot *nouvelle* et mis de sa main *l'arrière*, mais il a écrit *l'arière*.

1681 provision de briques pour les employer du 1er avril au 15 mai de l'année 1682. »

D'après cette lettre du 25 juin, il est évident que des bruits avaient couru sur la rupture de la paix en France, et surtout dans les villes de la frontière du Nord. M. de Chazerat les avait rapportés au ministre. Ils avaient été probablement suscités par les nouvelles qui se produisaient au sujet de l'exécution du traité de Nimègue, qui portait la réunion des villes de nouvelle conquête avec toutes leurs dépendances. Des tribunaux avaient été constitués, des *Chambres de réunion*, si on aime mieux, pour établir la nature et l'étendue de ces dépendances, et le territoire français allait s'agrandir par suite, en pleine paix, au delà des limites que l'on avait cru fixées après la guerre; des terrains, des villages, des villes entières allaient être annexés. L'Europe regarderait-elle sans plainte et sans irritation les annexions qu'elle n'avait pas prévues? Subirait-elle sans protestation les audacieuses extensions des articles d'un traité auquel elle s'était soumise, mais contre lequel elle conservait un mécontentement sourd, qu'une circonstance imprévue pouvait faire éclater? La Hollande avait désarmé, mais non son Stathouder, ennemi irréconciliable du roi plus encore que de la France; sous ses intrigues aussi fortes que persistantes, le sol de l'Europe remuait déjà ; il semblait qu'un volcan souterrain préparait de funestes éruptions. La guerre couvait comme un feu latent, mais la paix très récente ne pouvait, malgré les hardiesses de Louis XIV et les excitations de Guillaume, être si tôt rompue. 1681

Le ministre rassure le directeur des fortifications d'Ypres, et il continue de lui envoyer ses patientes et minutieuses instructions.

1er juillet, Versailles. — « Vous êtes en doute du lieu où doit finir l'avant-fossé de la branche droite de l'ouvrage à corne d'Elverdinghe, sur la ceinture de l'égoût qui doit sortir de la basse-ville entre les bastions 24 et 25, sur la forme à donner à la digue qui doit faire l'inondation autour de la redoute marquée I. Je vous réponds en vous envoyant la copie (1) de ce que M. de Vauban m'en a mandé, que je vous envoie avec vos plans et vos profils. »

(1) Après le mot *copie* se trouvent quatre mots : *qui sera ci-jointe*, que Louvois a effacés.

1681 6 août, Fontainebleau. — « Il y a toujours de nouveaux désordres aux fortifications. Il est bien difficile de se persuader que vous n'eussiez pas pu éviter la brèche qui s'est faite au revêtement de l'ouvrage à corne d'Elverdinghe, si vous vous appliquiez autant que vous le devez à la bonne construction des ouvrages. — Les entrepreneurs sont garants ; il faut les charger de la réparation. — Le roi veut qu'on y travaille cette année, dût-on élever de huit ou dix pieds le revêtement. » Malgré son estime pour M. de Chazerat, peut-être même à cause de cette estime, Louvois ne lui ménage pas les reproches quand il les sait mérités. Il veut que les meilleurs serviteurs n'ignorent pas qu'il veille attentivement. Rien ne lui échappe ; qu'ils ouvrent les yeux à son exemple.

13 août, Fontainebleau. — « Vous comprendrez dans les ouvrages à faire à Ypres, l'année qui vient, le revêtement de l'ouvrage à corne de Thourout, celui de la demi-lune marqué 3, et pour le reste les réparations à faire au rempart pour mettre la place hors d'état d'être surprise. »

4 septembre, Fontainebleau. - « La brèche de la corne d'Elverdinghe, l'avez-vous établie ? »

Le roi avait conçu le projet d'un nouveau 1681
voyage dans le Nord, sur cette frontière qui était toujours menacée, et qui, la guerre ouverte, supportait les premiers et les plus rudes assauts. Aussi attentif que son ministre, il voulait voir les choses de ses propres yeux; il paraissait ne chercher que le plaisir, et il travaillait comme à Versailles, tenait les conseils avec les ministres qu'il avait emmenés, arrêtait toutes les résolutions. Les villes qu'il inspectait ne lui faisaient pas oublier celles qui se trouvaient éloignées de ses regards. De Lichtemberg, le 5 octobre, il approuve « que M. de Chazerat fasse à Ypres le revêtement du petit havre de la redoute 1, et aussi l'écluse pour mettre l'eau dans l'avant-fossé de la corne d'Elverdinghe, à l'endroit marqué. » De Metz, le 3 novembre, « il arrête à Ypres les travaux de maçonnerie; la saison est trop avancée. Il ne faut pas commencer les fondations des ouvrages projetés pour l'année suivante. » De Reims, 10 novembre, « il annonce que dès son retour à Paris, il fixera les ouvrages qu'il veut faire à Ypres en 1682; il indique qu'il y aura certainement le revêtement de l'ouvrage à corne de Thourout, et que l'on peut commencer à faire des briques. »

1681 Le roi est rentré à St-Germain, et Louvois, dès le 29 novembre, fait cesser les travaux à Ypres et recommande de préserver de la gelée la maçonnerie. Le 2 décembre, il renvoie le projet des ouvrages pour l'année suivante, et il ajoute, on le reconnaîtra à cette recommandation : « Voyez mes *apostils* (1) ; donnez-moi les éclaircissements nécessaires pour que je puisse prendre les ordres du roi. — Et l'état de ce qui reste des ouvrages ordonnés pour cette année que vous me promettez ? Pourquoi ne l'ai-je pas reçu ? J'en ai besoin pour *rendre compte* au roi de l'emploi des fonds qui ont été envoyés et de ce qui manque pour parachever ces travaux. »

En lisant ces lignes, on ne sait si on doit plus admirer la vigilance du roi que celle du ministre ; ils étaient dignes l'un de l'autre, et si le roi tenait à ce que le ministre lui rendît des comptes, le ministre tenait à les lui rendre.

Nous voyons revenir un projet qui a déjà occupé notre attention. Puisque tant d'eau circule autour d'Ypres, venant des lacs voi-

(1) Ce mot est de sa main, et écrit tel que nous le reproduisons, il prouve une fois de plus qu'il relisait et annotait tout ce qu'il envoyait.

sins, des sources qui grossissent ces lacs et 1681
d'autres sources qui vont directement à la mer, pourquoi ne pas en fournir à la ville d'Ypres et ne pas contribuer en même temps à son alimentation et à sa salubrité ? « De nouvelles sources ont été découvertes, elles sont même plus abondantes que les premières, et par suite, bien qu'elles soient une fois plus éloignées que celles qui ont été trouvées l'année précédente, elles ne coûteraient pas plus à amener. » C'est du moins ce qu'écrit M. de Chazerat. Mais Louvois répond (1) qu'il ne comprend pas comment l'abondance du débit peut compenser l'éloignement dans la dépense. « Expliquez-vous plus clairement.— Toutefois, je puis vous dire qu'il vaut mieux se servir de bonnes sources bien abondantes que d'en prendre qui soient sujettes à tarir pendant l'été. Je ne doute pas que vous n'ayez si bien pris vos niveaux que l'on ne puisse s'assurer que rien n'empêchera que ces eaux-là ne soient *conduits* (sic) à la ville » et le 4 septembre il ajoute : « Puisque vous m'assurez que l'eau des sources de Quesnel (Kemmel) ne coûtera guères davantage à conduire à Ypres que celle des sources de Zellebeck (Zillebeke), qui sont

(1) 25 août, Fontainebleau.

1681 beaucoup moins abondantes, vous ne devez pas hésiter à prendre les eaux de Quesnel, qu'il est inutile de niveler si elles ont la pente que vous me mandez. » Le ministre ne perdait rien de vue, et cette affaire peut-être moins qu'une autre, car le 2 décembre, il veut savoir si le charpentier qui a entrepris d'agrandir les trous des tuyaux de bois des fontaines d'Ypres, et promis de les poser avant la St-Martin, a exécuté son marché et si l'ouvrage est fini.

Il est toujours préoccupé des entrepreneurs et particulièrement d'un certain Vandeneghe qui, sans doute, ne s'était pas tenu (1) dans les termes de son marché et dont les biens avaient été saisis. Les sommes produites par la vente de ces biens, ajoutées aux fonds qui avaient été faits par le roi, avaient dû permettre d'achever les travaux de l'année ; tout au moins ils devaient être avancés pour qu'ils fussent terminés au commencement de l'année suivante.

Le 12 décembre, de Meudon, il revient sur le compte de ce Vandeneghe (2) ; ayant tou-

(1) 13 août, Fontainebleau.

(2) Ce nom est écrit cette fois dans la lettre *Vandenègue*. Il faudrait peut-être lire Vandeveghe, nom flamand qui se traduirait en français par Duchemin; c'est ce qui ressort d'ailleurs de la page suivante.

jours en vue les intérêts du roi, il doute de 1681
la validité de cet entrepreneur, et il enjoint « de chercher de nouveaux entrepreneurs à moins qu'il ne donne une nouvelle caution qui assure que sur le produit qui se fera sur les ouvrages de l'an prochain, Sa Majesté sera entièrement payée. » La lettre se terminait ainsi, mais Louvois ne la trouva pas sans doute assez explicite, et après ces mots : *sera entièrement* payée, il a ajouté de sa main : *de ce que ceux qu'il a cautionnés lui redoivent.*

La dernière lettre de l'année, du 31 décembre, écrite de St-Germain, a une telle importance que nous la citerons tout entière : « Je détacherai prochainement de la liste des ouvrages à faire l'an prochain, du côté de la mer, ce qui concerne Ypres. Cependant je vous dirai que le roi a bien voulu payer le rétablissement de la brèche qui s'est faite à la corne d'Elverdinghe, et n'imputer sur les ouvrages à faire l'an prochain que la moitié des 119.324 livres dont les entrepreneurs lui sont redevables, remettant à leur déduire sur les ouvrages qui seront ordonnés en 1683. — Quant à l'autre moitié montant à 59.662 livres, Sa Majesté s'attend que M. Desmadrys trouvera moyen, comme vous me l'assurez, de

1681 donner des associés à Vandeneghe (1) qui s'obligeront à assurer cette somme au roi sur les ouvrages de 1683 et à tenir compte de pareille somme sur ceux qui se feront l'an prochain. — Je vous renvoie la lettre où vous faites connaître l'état où l'on est présentement avec les entrepreneurs. Examinez avec M. Desmadrys (2) si vous ne vous êtes pas trompé lorsque vous me marquez que tous les fonds envoyés en 1681, y compris 85.000 livres à compte sur l'an prochain, ne montent qu'à 525.265 livres, puisque par ma lettre du 25 avril 1681, je trouve que le total des ouvrages ordonnés monte à 532.042 livres, lesquelles ont été envoyées ou en argent comptant, ou en assignations sur les deux *patards* (3) levés jusqu'à la fin de 1680 sur chaque *bonier* (4) *de*

(1) Ce nom est écrit une troisième fois d'une façon différente : *Vandewegue.*

(2) Ce nom est écrit ici Démadride, et plus haut il a été écrit Démadrys ; dans la même lettre nous trouverons deux orthographes différentes, et plus loin nous trouverons Desmadrids. Nous avons adopté ici, comme pour d'autres noms, la manière d'écrire le nom la plus fréquemment adoptée dans les lettres. C'est évidemment d'ailleurs la seule correcte.

(3) On sait ce que c'est qu'un patard ; il s'agit ici des patards comme des centimes additionnels de nos jours, évidemment.

(4) Que veut dire ce mot *bonier ?* une certaine quantité de terre imposable, sans doute. On comptait

terre du membre (1) *d'Ypres*, ou en assigna- 1681
tions sur le débet des entrepreneurs, desquelles 532.042 livres il faut assurément faire recette aussi bien que des 27.548 livres qui ont été envoyées par ordre du 12 juillet 1681 pour le revêtement de la redoute marquée M sur votre plan, lesquelles jointes avec les 85,000 envoyées par ordre des 11 et 23 août, doivent faire ensemble 644.590 livres, et comme il n'a été fait suivant votre mémoire des ouvrages que pour 480.566 livres, il devrait rester en argent ou en matériaux 164.024 livres. — Expliquez-moi si c'est moi ou vous qui vous êtes trompé en me renvoyant le même mémoire que je vous adresse. — Faites

indifféremment par *bonnier* ou par *mesure*. Le bonnier, dont nous ne pouvons indiquer la contenance exacte, représentait l'unité de mesure en usage dans la flandre wallonne; il était également employé dans la partie méridionale de la châtellenie de Cassel et sans doute aussi dans celle d'Ypres. Dans le surplus de la Flandre Maritime française on comptait par *mesure*, surface qui variait beaucoup suivant les localités où elle servait d'unité de superficie. (*Note de M. Bonvarlet*).

(1) La Flandre proprement dite était divisée pour les impositions en quatre membres : le membre de Gand, celui de Bruges, le *Franc* de Bruges et le membre d'Ypres qui avait dû, après Nimègue (1678), appartenir en totalité ou à peu près à la France. (*Note de M. Bonvarlet*).

1681 de la façon que je l'ai marquée sur le profil que je vous renvoie le rétablissement de ce qui est éboulé à la demi-lune 42. — Vous trouverez aussi ci-joint le plan d'Ypres sur lequel vous auriez dû marquer les ouvrages par les chiffres qui sont dans le mien. Je vous prie de n'y pas manquer une autre fois. »

Quelle sollicitude ! Le ministre ne pouvait mieux terminer une année remplie par des travaux du plus haut intérêt.

§ V. — Année 1682.

1682 L'année 1682 sera elle-même bien remplie. Il est évident que la paix, tout en étant maintenue, ne paraît pas complètement assurée ; l'Europe s'inquiète des annexions ; Louvois et le roi le savent, et ils pressent les travaux des villes afin d'être prêts à tout évènement. Le ministre toutefois ne croit pas à la guerre ; sa lettre du 3 juin en fait foi.

Il fait remettre à l'année 1683 quelques ouvrages, spécialement le remuement des terres destinées à remblayer les murs : « dans l'état pacifique de l'Europe, cette remise peut se faire sans inconvénient ». Il ajoute cependant : « Si les affaires générales de l'Europe le fai-

saient juger à propos, on pourrait y faire 1682
travailler pendant l'hiver. » En pleine paix, il préparait la guerre.

Après avoir écrit quelques mots à propos d'un sieur Perraut (1) qui travaille à une fontaine et qu'il ne veut faire payer qu'autant qu'il aura réussi, regrettant même qu'on lui ait donné d'avance cent écus quand on aurait pu lui donner moins, il ouvre réellement l'année par une lettre qui éclaircit celle qui a fermé l'année 1681. « M. Desmadrys (2) me donne l'explication que je vous demandais le 31 décembre, en me faisant connaître que la différence qu'il y a des 157.348 livres que vous me mandez qui restaient en argent ou en matériaux, aux 164.024 livres que je trouvais qui devaient rester, provient de ce qu'il s'en faut 6.676 livres que les entrepreneurs ne se soient acquittés cette année de 119.334 livres qui, suivant ce qui a été réglé, devait leur être imputé sur leur ouvrage. »

Cela dit sur le passé, il parle de l'année

(1) 8 janvier, St-Germain. — Il pourrait se faire que le nom fût Berraut et non Perraut, la lettre majuscule est défectueuse. Cependant nous avons déjà trouvé le nom Perrot.

(2) 10 janvier, St-Germain.— Le nom est écrit cette fois Dèmadride.

1682 présente. « Je vous renvoie l'état des travaux que Sa Majesté a ordonnés pour cette année à Ypres. Tenez la main de manière que les entrepreneurs s'acquittent au moins de la moitié de ce qu'ils redoivent, et que les ouvrages soient faits si solidement et avec tant de précautions que les accidents des deux dernières années ne se renouvellent pas » et le 19 janvier il ajoute : « Réparez les désordres que le mauvais temps a causés à Ypres, mais veillez à ce qu'ils ne se reproduisent plus. »

Bien que le titre de M. de Chazerat fût *Directeur des fortifications à Ypres*, son action n'était pas strictement enfermée dans cette ville ; elle s'étendait au dehors. Nous le voyons en effet chargé de réparations à Bergues. Il a dû examiner un plan proposé par un sieur Robelin « pour (1) empêcher qu'il n'arrive aucun accident à la face qui n'a pas bougé de la demi-lune de Bergues qu'on nomme d'Ypres. » Comme il a démontré que le bois réussira mieux que la maçonnerie, Louvois « se remet à M. de Chazerat d'y en faire mettre, s'il le juge à propos. »

Un désordre s'était produit à Bergues dans

(1) 18 mars, St-Germain.

le magasin des poudres qui, suivant ordre 1682
reçu, devaient être transportées à Dunkerque. M. Dumetz avait averti M. de Chazerat de ce transfert qui n'impliquait pas la réparation du magasin. Le directeur d'Ypres est donc dans l'obligation « d'aller le visiter et d'envoyer un plan et un profil *avec un mémoire* (1) par lesquels on puisse voir la dépense qu'il y a à faire pour le rétablir. »

Ces recommandations sont renouvelées le 12 avril : « Ne manquez pas d'aller à Bergues pour visiter le désordre qui est arrivé au magasin à poudre. Envoyez un plan et un profil ; marquez en quelle année il a été bâti, et *le remède que vous croyez que l'on doit apporter* » (2) ; et le 26 du même mois : « j'envoie votre plan pour la réparation du magasin à poudre à M. Desmadrys pour tenir la main à ce qu'il soit rétabli aux dépens de l'entrepreneur qui en a fourni le bois, puisque c'est sa faute de n'en avoir pas employé de meilleur. »

Le mois suivant il revient (3) sur cette demi-lune de Bergues qui porte le nom

(1) Ces mots sont de la main de Louvois.
(2) Cette addition est de la main de Louvois.
(3) 28 avril, Meudon.

1682 d'Ypres; il adresse à M. Desmadrys les plans et les mémoires « afin qu'il les fasse exécuter autant que le terrain le pourra permettre, c'est-à-dire en y ajoutant ou diminuant *l'épaisseur des contreforts* (1), suivant la bonne ou mauvaise qualité du terrain. »

Le fort de La Knocke était en mauvais état. Le ministre y envoie M. de Chazerat et lui communique un mémoire d'un sieur Bugnet: « Allez-y (2) vous-même, écrit-il, et dites-moi ce qu'il y a à faire. Indiquez par un mémoire ce qu'il en pourrait coûter pour couvrir ce fort, et *par un second mémoire ce qu'il en coûterait pour le raccommoder de gazon* (3). » M. de Chazerat s'occupa très sérieusement de ce fort La Knocke (4); il fit dans ses mémoires des propositions que nous ne connaissons pas, mais qui étaient assez considérables pour que le roi jugeât opportun de les faire examiner par M. de Vauban. En attendant le résultat de cet examen, Louvois enjoint de ne « rien innover au chemin qui est voisin du côté du Franc de Bruges. » Quelques

(1) Ces mots soulignés sont de la main de Louvois.
(2) 2 avril, St-Germain.
(3) Ces mots sont de là main de Louvois.
(4) 6 mai, Versailles.

jours plus tard, le 13 mai, il ordonne de pro- 1682
fiter du beau temps pour couper dans la forêt de Nieppe tout le bois nécessaire à la Quénocque. Ce fort avait assez d'importance pour qu'on n'y négligeât aucun travail. Nous voyons qu'en juin (1) M. de Chazerat envoie un mémoire où il expose l'état où sont arrivées les réparations et où il indique celles qui resteront à faire pour l'année suivante. Louvois remet à leur sujet toute décision au roi ; il recommande seulement qu'on soit bien pourvu de briques même pour les mois d'avril et de mai 1683 ; « après on pourra avoir de la brique nouvelle. »

Menin se trouve encore dans le rayon des opérations de M. de Chazerat. Le ministre avait chargé un sieur Guibert de niveler le terrain entre cette ville et Ypres ; mais comme il a appris, ce qu'il ne savait pas, qu'il était employé à la construction du revêtement de la corne de Thourout, il charge (2) M. de Chazerat de le rappeler et de lui dire qu'il fera le nivellement quand le revêtement sera fini.

(1) 18 juin, Versailles.
(2) 6 mai, Versailles. — 31 mai, Versailles.

1682 Mais c'est sur Ypres que l'attention du roi est surtout portée; il veut en faire une place importante; il ne conserve des anciennes fortifications que celles qui rentrent dans le nouveau système ; il construit des annexes formidables ; il tenait à cette place qui devenait un des avant-postes de la France ; il s'occupe avec détail des redoutes ; il exige qu'elles se soutiennent mutuellement. Nous voyons revenir les noms des deux ouvrages considérables dont il a été déjà souvent question, la corne de la porte d'Anvers et la corne de Thourout. « Je prévois, dit Louvois (1), par un mémoire de M. de La Londe, que la face gauche de la redoute 69 n'est pas vue de l'ouvrage à corne de la porte d'Anvers, et que la branche gauche du même ouvrage à corne ne voit pas le chemin couvert de la branche droite de l'ouvrage à corne de Thourout. Mandez-moi ce qu'il en est, et m'envoyez des profils qui me puissent faire connaître s'il y aurait un grand remuement de terre à faire pour mettre ces ouvrages en état de s'entre-défendre mutuellement. » Quant à la corne de Thourout spécialement « le roi approuve (2)

(1) 31 mai, Versailles.
(2) 3 juin, Versailles.

que vous creusiez d'un pied au moins le fossé 1682
entre la courtine, les flancs et sa tenaille, et de ne donner au revêtement de cette partie que cinq pieds au lieu de six. Mais ne confondez pas les chiffres de la corne d'Elverdinghe avec ceux de la corne de Thourout. Cette méprise m'empêche de rien comprendre. » Et spécialement encore au sujet de la corne d'Anvers, « le roi approuve (1) que vous fassiez enlever cent cinquante toises au glacis, comme vous marquez sur le *profil* (2) que vous m'avez envoyé, du bord extérieur du flanc gauche de la redoute 69, afin de mettre la branche droite de la corne d'Anvers en état de raser ce terrain jusqu'au niveau de l'eau que l'on espère mettre dans le fossé de la dite redoute. Faites-y travailler puisque vous croyez que cela ne coûtera pas plus de 375 livres ».

M. de Vauban a du reste approuvé tous ces travaux; mais il faut faire bien attention aux *apostils* (3) qui indiquent en toutes choses la véritable pensée royale. M. de Chazerat

(1) 11 juin, Versailles.

(2) L'employé avait mis *plan*, Louvois a corrigé *profil*.

(3) 19 juillet, Versailles.

1682 est pour ainsi dire conduit par la main. « M. de Vauban (1) ayant supplié le roi de trouver bon que l'on laissât la terre qui était destinée pour former la tenaille devant l'ouvrage à corne de Thourout, Sa Majesté veut bien que vous ne le fassiez point enlever jusqu'à ce que M. de Vauban ayant passé sur les lieux ait donné son avis à Sa Majesté sur le peu de dépense qu'il faut faire pour y faire une tenaille gazonnée. D'ailleurs (2) plus la maçonnerie de l'ouvrage à corne de Thourout aura vieilli sans être chargée de terre, plus elle sera solide. Différez donc, mais que ce soit fait au 15 avril prochain. Mais il faut que vous vous arrangiez pour que cet hiver l'eau ne puisse séjourner sur la maçonnerie de la corne de Thourout. En me rendant compte des déblais des ouvrages dernièrement ordonnés à Ypres, vous ne dites pas quand on pourra commencer à fonder le nouvel ouvrage 43, une demi-lune nécessaire, ce que je vous recommande de ne pas omettre une autre fois. »

En octobre, tous les plans des ouvrages ordonnés sont arrivés. Aussi le ministre peut-

(1) 10 août, Versailles.
(2) 13 août, Versailles.

il les suivre en quelque endroit qu'il se trouve, 1682
à Chambord ou à Fontainebleau. « Laissez la porte (1) de la face gauche du dehors qui est à présent 45, faites une devanture simple à moins que la ville dans son intérêt ne veuille en faire la dépense entre les bastions 45 et 40. » Les deniers du roi seront ainsi ménagés; et si la ville tient à un avantage particulier, il est juste qu'elle le paie. « Dites-moi ce que pense le magistrat et aussi M. de Vauban que vous ferez souvenir de me donner son avis sur le demi-bastion et sur la courtine qu'il me semble qu'on pourrait se dispenser de faire, puisque l'ennemi ne pouvant jamais attaquer ce front-là qu'après avoir pris l'ouvrage à corne d'Elverdinghe, la place n'est déjà que trop forte de ce côté. — Il ne faut pas, le roi ne le veut pas, que l'on rompe l'ancienne fermeture de la ville derrière le bastion 40 ; ce sera un retranchement tout fait. Qu'est-ce que c'est que la demi-lune que vous marquez près de la *redoute* (2) de Monterey ? Le roi ne l'a pas ordonnée ; en tout cas, il faudrait la tourner autrement. Vous avez encore mar-

(1) 4 octobre, Chambord.

(2) Il y avait dans la lettre *demi-lune*, Louvois a mis *redoute*.

1682 qué une place d'armes au chemin couvert vis-à-vis du milieu de la face gauche de la demi-lune 43 et un pli à l'avant-fossé vis-à-vis de cette place d'armes qui ne valait rien. Prenez les ordres de M. de Vauban, auparavant que de rien exécuter sur cela, et me mandez quel sera son avis. »

Nous l'avons dit, on avait démoli d'anciennes fortifications, tout ce qui ne pouvait plus servir ; mais le zèle des démolisseurs devait être contenu dans de justes limites. « Bien que le roi (1) permette qu'on démolisse les anciennes murailles d'Ypres dont vous proposez d'employer les matériaux à la construction des ouvrages que Sa Majesté a ordonnés pour l'an prochain, son intention est de les faire raccommoder afin d'avoir un retranchement tout fait aux endroits de cette place depuis les numéros 59, 60 et 61. Ainsi, il ne faut pas penser à cette démolition. » Du reste à cette époque de l'année, « occupez-vous (2) à fonder le reste de ce qui a été ordonné, plutôt que d'élever de la maçonnerie. Mais on peut faire planter des arbres sur les terre-pleins et

(1) 8 octobre, Chambord.

(2) 15 octobre, Fontainebleau.

sur les parapets de la ville, je le mande à M. Desmadrys. Vous avez bien fait de ne pas faire replanter les palissades des contre-scarpes de la corne de Thourout que vous avez été obligé de faire rehausser. Le roi veut qu'on les conserve en magasin de manière à ce que, lorsqu'on en aura besoin, elles ne soient point pourries ou dissipées. » 1682

Le ministre ajoute le lendemain en insistant sur les précautions: « Continuez (1), continuez tant que le temps le permettra à faire les fondations des ouvrages ordonnés. Le roi approuve même que l'on fasse le revêtement d'un bastion que vous indiquez et de la manière que vous indiquez, mais veillez à ce qu'on n'ait pas le déplaisir de le voir tomber. »

Les bastions de la tête de Beveren (2) étaient l'objet des soins de M. de Chazerat, qui voulait y faire des déblais et des remblais afin de les mettre en parfait état. Mais le roi ne l'approuvait pas; il avait un autre projet que Vauban lui avait suggéré et qui consistait à

(1) 16 octobre, Fontainebleau.

(2) 22 novembre, Versailles : ce nom est celui d'une commune des environs d'Ypres, nous l'avons trouvé dans les lettres écrit de plusieurs manières.

1682 établir une lunette qui devait en effet rendre de grands services. Il fallait se soumettre et de plus, sur l'avis de Vauban, encore maintenir un exact alignement dans la maçonnerie qui forme le revêtement des divers ouvrages, « dans tous les endroits où cela pourra s'accorder avec ce qui est fondé. »

Les murailles, les redoutes n'étaient pas les seuls moyens de défense que le ministre préparait à Ypres, et il n'eut garde, en cette année 1682, de négliger les travaux qui assuraient ces inondations artificielles sur lesquelles il comptait autant que sur les remparts pour tenir l'ennemi à distance en cas de siége. Il enjoint de faire aux bâtardeaux toutes les réparations nécessaires, de prévoir même celles qui pourront être faites *l'année prochaine* (1). Il a examiné la tâche accomplie par un sieur Daugecourt (2), qui paraît être un des principaux entrepreneurs à Ypres, et il en a rendu compte au roi, qui comprend que les canaux conducteurs des eaux sont en bon état et qui « approuve qu'on relève de six pieds la chaussée de l'étang afin d'augmenter

(1) Ces mots sont de la main de Louvois.

(2) 27 juillet, Versailles, nous trouverons aussi ce nom écrit d'Angecourt ou d'Augecourt.

la retenue. Prenez vos mesures pour qu'elle 1682
ait quatre toises de large par en haut, pour que le bord extérieur soit plus haut de trois pieds que celui du côté de l'eau, pour que le talus de la chaussée du côté qu'elle devra soutenir l'eau ait deux pieds pour pied et que celui de derrière n'ait qu'un pied pour pied. »

Louvois entre ensuite dans de grands détails sur le tracé d'une rigole, sur le prix du creusement, du remuement des terres ; il discute les prix de revient, et il n'admet pas qu'ils dépassent trente sols par mètre cube. « Attendez pour travailler que l'on ait fait la récolte des grains qu'il ne faut pas gâter. » Le soin de ménager les habitants de la campagne, nous l'avons déjà remarqué. Il en est de même pour les habitants de la ville. Le roi « enjoint dans la construction de la digue nécessaire aux travaux ci-dessus de contourner l'enclos d'une maison au lieu de le traverser », ce qui serait pour le propriétaire un grave préjudice. Enfin il exige que tout soit fait pour le 12 ou 15 octobre.

Une chaussée (1) qui menait d'Ypres à Warneton contournait plusieurs ouvrages ; l'eau

(1) 19 août, Versailles.

1682 pouvait à de certains moments la mettre en danger ; le roi ordonne que l'on y pratique des ponts et des bâtardeaux, mais au meilleur marché possible.

L'eau ne servait pas seulement (1) à remplir des fossés et à créer des inondations factices ; M. de Chazerat l'employait dans les canaux qui la dispersaient à amener des matériaux, des briques blanches, par exemple, fabriquées à La Knocke. Cependant ces transports pouvaient avoir à de certains moments des inconvénients, et il était bon de ne pas les renouveler. On sait que c'est l'étang de Dickebusch qui alimentait les canaux. Il ne faut pas les détourner de l'usage qui leur est réservé ; le débit ne serait plus aussi assuré, et le roi tient à ce qu'il soit abondant et toujours suffisant. Il fait faire des rigoles par le sieur Daugecourt soit du côté de l'étang de Dickebusch, soit du côté de l'étang de Zillebeke ; il ordonne « qu'on y travaille (2) autant que faire se pourra, sans retarder la maçonnerie des ouvrages de la ville. Mais dès que la maçonnerie aura cessé, qu'on y emploie

(1) 15 octobre, Fontainebleau.
(2) 25 octobre, Fontainebleau.

tous les ouvriers que l'on pourra trouver, 1682
même dans la garnison. » Dès le lendemain même, le 26, tant le roi est pressant, Louvois s'informe du moment où les rigoles du sieur Daugecourt seront achevées. « Vérifiez les niveaux pour qu'on puisse s'en servir » à coup sûr. Les instances ne s'arrêtent pas, et le 10 novembre, de Fontainebleau, ayant appris que M. de Chazerat ne faisait travailler qu'aux rigoles et à l'étang du côté de Zillebeke, négligeant l'étang de Dickebusch, il écrit : « Mandez-moi pourquoi vous ne faites pas travailler aux autres endroits puisqu'il y a plus d'ouvriers qu'il ne faut à Ypres. »

L'attention allait être forcément ramenée sur l'étang de Dickebusch (1), dont le battement du flot avait un peu endommagé la chaussée. M. de Vauban avait écrit au ministre qu'il avait dit à M. de Chazerat d'y faire travailler, et le ministre écrit à son tour : « Je ne laisse pas de vous confirmer la même chose ; je dois vous faire observer que dès qu'il y a un gazon de moins à de pareils ouvrages, il faut toujours le faire remettre sans attendre d'ordre. Toutefois (2), pour que

(1) 16 novembre, Meudon.
(2) 19 novembre, Meudon.

1682 je comprenne mieux à l'avenir le compte que vous me rendez de ce qui s'avancera aux rigoles qui se font à Ypres, envoyez-moi toujours un plan qui me marque ce qui sera fait et ce qui sera à faire. » Je sais que « votre diligence (1) fait avancer les rigoles, mais quand elles seront achevées, ne manquez pas de me le faire savoir. » Certaines difficultés empêchaient M. de Chazerat d'être aussi diligent qu'il l'aurait voulu, et le ministre le complimentait trop tôt. Le talus (2) de la chaussée de l'étang de Dickebusch n'était pas encore complètement réparé. M. de Chazerat pensait que cette réparation ne pouvait être complètement faite sans qu'il mît l'étang à sec. Ce n'était pas l'avis de Vauban et Louvois qui s'en autorise, écrit « qu'il suffit de baisser l'étang de quelques pieds sans le mettre tout-à-fait à sec. Conformez-vous à cela, si c'est possible, et tenez la main (3) à ce que les rigoles du côté de Dickebusch s'achèvent le plus tôt possible», et le 19 décembre « continuez les soins aux rigoles, qu'elles soient bientôt parachevées. — En même temps faites soutenir les

(1) 22 novembre, Versailles.
(2) 26 novembre, Versailles.
(3) 7 décembre, Versailles.

bords du ruisseau qui conduit les eaux de Dickebusch aux endroits où il est absolument nécessaire; élargissez son fossé en ces mêmes endroits afin d'avoir plus aisément les terres pour le soutien des bords. » 1682

On se souvient que le roi avait fait profiter la ville d'Ypres de la surabondance des eaux des étangs et des sources de la plaine dans l'intérêt de son alimentation et de sa salubrité. Les habitants avaient une boisson saine, et ils arrosaient leurs rues, une fontaine avait été installée (1). Le ministre tient à ce qu'elle coule en liberté ; car la retenir, *y mettre un adjutage* (2), c'est le moyen de faire crever les tuyaux ; n'en souffrez pas. Comme cette fontaine peut fournir de l'eau à toute la ville, j'écris à M. Desmadrys que l'intention du roi est qu'il oblige le magistrat d'Ypres à partager les quatre pouces d'eau qu'elle donne dans sept ou huit quartiers, et particulièrement dans les plus proches des logements des troupes et des casernes afin que, buvant de cette eau, elles ne soient plus sujettes aux maladies que les mauvaises eaux leur ont causées jusqu'à présent. » Louvois affirme ici le grand

(1) 17 avril, St-Germain.
(2) Ces mots sont de la main de Louvois.

1682 principe si hautement proclamé de nos jours que *l'eau est le grand véhicule des maladies*. Ce grand esprit devançait son temps, il devinait ce que la science a prouvé. Au reste, dès les temps les plus anciens, les hommes ont tenu à la bonne qualité de l'eau qu'ils buvaient ; les Romains, en fondant une ville, cherchaient les sources voisines ; sans avoir la sûreté d'analyse que nous possédons, ils savaient les juger ; et dédaignant souvent la plus prochaine, ils allaient chercher la plus éloignée. C'est ainsi qu'à Nîmes, ils ne buvaient pas l'eau de la fontaine de la ville, qui avait cependant déterminé sa fondation, mais celle de la fontaine d'Eure qui se trouvait à une longue distance, de l'autre côté du Gardon qu'ils avaient jugée meilleure, et pour la faire passer au-dessus de la rivière, ils n'ont pas reculé devant la construction d'un immense aqueduc qui est une des gloires de leur architecture, et qui attire encore l'admiration du monde entier. — Mais revenons à Ypres, sans parler de ces microbes que Louvois ignorait, que nous avons reconnus, et qui de son temps comme du nôtre portaient partout la désolation et la mort.

Pour le bassin de la fontaine centrale, M.

de Chazerat avait envoyé un plan ; le minis- 1682
tre, ne l'ayant pas compris, en avait demandé un autre à M. Desmadrys, et il ordonne de l'exécuter. « Mais le roi approuve (1) que l'on laisse au magistrat d'Ypres le soin de l'entretien de la conduite de cette fontaine, et *que l'on le charge de la conduire* (2) dans les endroits de la ville où Sa Majesté désire qu'on la mène »; et dans une lettre du 29 octobre, la même injonction est répétée : « le roi ne veut pas être chargé de la dépense. » C'est un sieur Perraut ou Berraut ou Derraut (la première lettre du nom est singulièrement tracée) (3) qui a fait les conduites de la fontaine et Louvois lui fait donner 400 livres. Il y aura donc une fontaine principale sur la place (4) ; et l'eau sera partagée entre les différents quartiers ainsi que le roi le désire.

Un canal particulier menait à la ville, dans la fontaine, les eaux de l'étang de Dickebusch. On avait sans doute songé à l'utiliser pour le transport des matériaux, mais le roi s'y opposa. Il défend de le creuser, de l'élargir. Il ne

(1) 28 avril, Meudon.

(2) Ces mots sont de la main de Louvois.

(3) Le nom même a été écrit en un endroit Perrot.

(4) 9 mai, Versailles.

1682 doit être « qu'un petit ruisseau nourricier (1), et comme l'étang est plus élevé que le reste de la campagne, il ne manquera pas d'aller trouver la ville, soit par le fossé, soit par dessus la campagne ; du reste l'affaire regarde ceux qui ont intérêt à faire à ce fossé les réparations nécessaires pour que l'eau ne gâte pas leurs terres. »

L'eau est donc dans la ville, et elle est bonne ; les habitants, nouveaux français, en jouiront et béniront la France ; les soldats en profiteront, et ils sont nombreux à cet avant-poste du Nord ; ils auront des logements convenables, propres et sains. Les Espagnols avaient sans doute laissé des casernes, mais en mauvais état et insuffisantes. Le roi les a fait réparer (2), recommandant qu'on profite du beau temps ; dans le mauvais on a dû s'arrêter ; que l'on travaille ; que l'on coupe dans la forêt de Nieppe les bois nécessaires. La basse-ville d'Ypres logera dans les casernes quinze cents hommes ; elle sera agrandie. « Je n'envoie pas de plan, dit Louvois, prenez celui approuvé par le roi », et il ajoute de sa

(1) 7 décembre, Versailles.

(2) 13 et 17 mai, Versailles.

main, « *dans lequel on peut loger de la cavalerie et de l'infanterie.* » 1682

Les magasins ont une importance non pas supérieure sans doute, mais égale à celle des casernes ; le ministre le comprend (1), et en parlant des réparations que les commissaires d'artillerie d'Ypres demandent que l'on fasse au magasin des armes de la ville, il se plaint de l'obscurité de la lettre du Directeur ; dès lors, il n'est pas en état de faire connaître l'opinion du roi.

Les éclaircissements sont arrivés sans doute, car quelques jours plus tard (2), il écrit : « le roi approuve les réparations à la halle basse de la ville d'Ypres que les officiers d'artillerie de cette ville demandent pour servir de magasin. »

Quelle activité ! et comme tout est en mouvement dans cette ville réunie à notre France depuis quatre ans ! et comme les habitants habitués à l'indolence Espagnole devaient être surpris et en même temps charmés ! car avec le mouvement, l'argent se répandait, et avec l'argent que dépensait le roi et que dé-

(1) 7 décembre, Versailles.
(2) 19 décembre, Versailles.

1682 pensaient ceux que payait le roi, l'aisance et le bien-être. Que de gens employés aux approvisionnements de toutes sortes ! et spécialement à la fabrication et au transport des briques. On emploie au revêtement de la corne de Thourout, de deux autres demi-lunes et d'autres petits bâtiments, de la brique blanche au lieu de la brique rouge et le roi approuve; c'est une économie de 1.500 livres. Il recommande d'en faire une provision suffisante (1); et si le Directeur ne s'explique pas assez clairement sur la quantité qu'il tient en réserve, Louvois lui écrit avec instance et reproche. Enfin il a reçu les explications (2) et il est satisfait de savoir que l'on dit encore cinq à six millions de briques pour le printemps. Il faut en faire encore et il signale comme d'un excellent emploi la terre de la montagne de Kemmel (3).

Les briques ne sont pas seules nécessaires aux constructions; à leur défaut (4), on emploie des pierres, et même pour les subs-

(1) 16 octobre, Fontainebleau.

(2) 27 octobre, Fontainebleau.

(3) Voilà encore un mot qui est écrit de plusieurs manières : Quesnel, Quenel, Kennel et même Kesnel.

(4) 26 octobre, Fontainebleau.

tructions les pierres sont indispensables. Le 1682
sieur Daugecourt a signalé des carrières dans les montagnes voisines; on peut mêler la brique et la pierre et même ne se servir que de la brique pour le parement en en mettant deux ou trois épaisseurs. « Le moëllon coûterait un écu la toise à tirer, et six ou sept livres à voiturer sur l'ouvrage. C'est meilleur marché que la brique; on se servirait, pour le transport, des rues et des chaussées pavées. Envoyez-moi un mémoire et comparez les prix. Je veux savoir s'il y aurait avantage pour le roi à employer les pierres. Mais ces pierres sont-elles *gélisses* (1)? La gelée ne les endommagerait-elle pas? » M. de Chazerat proposait de faire un canal pour les amener de la montagne de Kemmel; il y avait tant d'eau dans la plaine que le travail n'était pas difficile. « Vous demanderez un devis à M. de Vauban; essayez la pierre et voyez à quel prix elle reviendra. Quant au canal ne dépassez pas 100 livres ou 50 écus. Le ministre avait demandé renseignements sur renseignements. « J'attendrai avec impatience des nouvelles de ce qu'aura produit la recherche sur le mont Kemmel ». Sans doute les nouvelles ne furent

(1) Ancienne forme pour *gélives.*

1682 pas bonnes, car il revient sur ses ordres le 7 décembre : « ne prenez plus de la pierre dans la montagne de Kemmel ». Mais le 23, il paraît disposé à changer d'opinion : « Je ne vois pas qu'il y ait inconvénient de permettre aux entrepreneurs des fortifications de se servir du grès (1) de la montagne de Kemmel, mais comme M. de Vauban doit être présentement à Dunkerque, il faut que vous l'alliez trouver et que vous preniez son avis sur cela. »

La plus sévère économie présidait à tous ces grands travaux ; nous en avons la preuve dans la mesure large et discrète où l'argent était ordonnancé et distribué. On se renferme dans les fonds promis. (2) « Sa Majesté ne veut pas faire plus qu'elle n'a réglé ; voyez à appliquer l'épargne que vous avez faite à la construction du bâtardeau nécessaire pour soutenir l'eau de l'avant-fossé de la branche droite de la corne d'Elverdinghe. » Les sommes accordées ne sont envoyées que par fragments. Sur un total de 40.000 livres, le ministre, le 20 juillet, n'expédie que 6.000 livres ; « le reste arrivera (3), si besoin est,

(1) Ecrit *grais*.
(2) 3 juin, Versailles.
(3) 29 juillet, Versailles.

sur le premier avis de l'entrepreneur général, M. Desmadrys » qui doit tenir la main à ce que « les entrepreneurs (1) fournissent l'argent nécessaire pour, avec les fonds que le roi avait réglés pour les ouvrages de cette année, les mettre en entière perfection. » La part de chacun dans les entreprises est donc parfaitement établie, et le roi ne donne que ce à quoi il s'est engagé. 1682

La lettre du 26 novembre est surtout instructive à ce point de vue; nous la citons toute entière : « Vous trouverez ci-joints les plans, profils et mémoires que M. de Vauban m'a adressés sur Ypres; prenez-en copie, et renvoyez-les-moi à loisir; mais par le retour du courrier, donnez-moi les éclaircissements que je vous demande par les *apostils* que j'ai mis à côté du projet de dépense dont je ne puis rendre compte au roi que je n'aie reçu les sus-dits éclaircissements. M. de Vauban me donne un excès d'estimation pour les ouvrages 40, 43 et 45. Il a dû la faire sur les mémoires que vous lui avez fournis, et celle que vous m'avez envoyée au mois de juillet est d'un tiers plus faible. Expliquez-vous.

(1) 5 août, Versailles.

1682 L'estimation ne parle pas d'un profil que vous m'avez envoyé pour le revêtement de la face gauche du bassin 45. Surtout pas de dépense pour les ponts des portes et corps de garde pour loger les soldats. — Vous marquez des terres à remuer pour trois livres dix sols par toises cubes, sous prétexte qu'il y a une partie de vase. Suivez le marché. Si celui-là est désavantageux pour les entrepreneurs, ils ont un marché avantageux pour la maçonnerie. Lorsque vous aurez ordre de travailler à l'estimation du projet de M. de Vauban, concernant le corps de la place d'Ypres, du côté de la basse-ville et des cornes d'Anyers et de Thourout, suivez le gros profil, et le moindre pour les courtines. — Faites l'estimation d'ici à deux ou trois mois. »

Il n'est pas un détail qui échappe à ce roi vigilant ou à son ministre. Chaque dernière semaine du mois, les ingénieurs envoient les mémoires d'hommes et de chevaux employés; et il n'y a pas à y manquer sous peine de décision disciplinaire (1). Si l'on se décide pour les briques blanches contre les briques rouges, dans la construction de l'ouvrage de

(1) 25 mars, St-Germain.

Thourout, c'est après avoir bien établi la 1682
différence. Il n'est pas permis aux officiers-majors d'Ypres de semer du sainfoin sur le glacis (1) de la corne d'Elverdinghe sans l'autorisation du roi, et encore cette autorisation n'est-elle accordée que *pour une fois* (2) et sur avis favorable du Directeur qui « croit que cela empêchera la pluie d'y faire des ravines. » Le plus petit travail n'est approuvé que sur un devis (3) précis ; il en est de même pour l'embauchage des ouvriers supplémentaires. De l'extension d'un projet, si minime qu'elle soit, Louvois veut être averti, *afin que je les puisse marquer sur mon plan* ; et ces mots sont de sa main. Chaque lettre demande un accusé de réception qui est strictement exigé. Le 29 octobre, de Fontainebleau, le ministre demande si on a mis les travaux à l'abri du mauvais temps, et il ajoute encore de sa main, *avec de la maçonnerie sèche.* « Ne forcez pas les saisons ; dès que les gelées arriveront, profitez-en pour amasser des matériaux. » Envoie-t-il un niveau nouveau pour faciliter l'établissement des canaux, il entre

(1) Ecrit *glassis.*
(2) Ces mots sont de la main de Louvois.
(3) 30 juillet, Versailles.

1682 dans des détails très circonstanciés. « Le sieur Daugecourt vous aura expliqué comment il faut s'en servir. Mais j'ai cru devoir vous faire observer qu'il ne suffit pas de changer du haut en bas pour en vérifier la justesse, mais encore qu'il faut couper l'objet au même endroit, soit qu'il n'ait pas son poids ordinaire qui est dans la bouteille d'huile, soit que vous y mettiez le plomb que l'on a coutume d'y ajouter. » On ne change même pas un moulin de place sans qu'il indique les conditions dans lesquelles le changement doit se faire.

Cette surveillance si exacte à l'égard des chefs de service l'était peut-être plus encore à l'égard des entrepreneurs. Elle devient de la sévérité. « N'hésitez pas (1), malgré la saison, à faire fournir tous les charrois que l'entrepreneur (particulier) des fortifications d'Ypres pourra employer en les faisant au prix que mon dit sieur Desmadrys (entrepreneur général) estime raisonnable. » Des réclamations (2) s'étaient produites sur le prix, le roi ne les accepte pas : « C'est à eux à se pourvoir de voitures ou à payer le prix qu'il faut pour en avoir. »

(1) 2 octobre, Chambord.
(2) 16 octobre, Fontainebleau.

Cependant le roi consent à ce que, dans 1682
les moments de presse, les entrepreneurs soient aidés par des ouvriers que l'on peut emprunter à la garnison ; mais les conditions d'emprunt sont très détaillées : « Comme il serait difficile que cela avançât beaucoup si tous les ouvriers partaient le matin de la ville et y retournaient le soir, Sa Majesté désire que M. de la Neuville (1) commande autant de gens que M. Desmadrys et vous lui demanderez avec des officiers pour aller loger dans quelque couvert des villages qui leur seront marqués, afin de pousser cet ouvrage plus diligemment, et que les officiers demeurent responsables et paient le moindre désordre qui aura été fait à la campagne pendant que les soldats coucheront hors la ville. » Tout est précisé et les entrepreneurs n'ont qu'à se soumettre : «Ces soldats doivent travailler pour quinze sols la toise cube où les entrepreneurs en auront vingt, moyennant que les dits entrepreneurs leur fourniront d'outils desquels les officiers leur répondront ; et pour la rigole dont les entrepreneurs ont vingt-trois sols de la toise cube,

(1) On ne voit pas bien dans les lettres ce qu'est M. de Neuville ; il paraît être tantôt entrepreneur général, tantôt commandant de place et peut-être gouverneur. C'était évidemment un militaire.

1682 ils en donneront dix-huit sols aux soldats aux mêmes conditions de leur fournir des outils. — Si quelque officier, chargé de ces détachements, ne s'appliquait pas à faire que ce travail allât vite, ou à contenir les soldats en bon ordre, l'intention de Sa Majesté est qu'il soit arrêté, et que l'on me mande son nom. Sur le compte que je rendrai Sa Majesté le fera punir, pour apprendre aux autres à mieux s'acquitter des choses commandées. »

Comme tout est tenu d'une main ferme, et le Directeur lui-même est soumis à une stricte discipline ; et à l'occasion les reproches ne lui sont pas épargnés ; témoin la lettre suivante : (1) « Si vous vouliez parler moins obscurément lorsque vous dites que l'on vous fasse reconnaître si la diligence est nécessaire dans la conduite des ouvrages dont vous êtes chargé et même aux dépens du ménage des fonds qui y sont destinés, je serais en état de vous faire savoir l'intention du roi, ce que je ne puis faire parce que je ne comprends pas comment la diligence que Sa Majesté recommande peut donner au roi une plus grande dépense puisqu'il y a des marchés faits pour

(1) 29 octobre, Fontainebleau.

cela et que vous ne m'expliquez pas de quelle 1682
manière vous croiriez pouvoir réparer le peu de provision de briques qu'ont les entrepreneurs. » Et encore : « Si vous vouliez bien (1) ne point parler énigmatiquement, j'aurais compris ce que contient le reste de votre lettre, qu'il faut que vous m'expliquiez clairement si vous voulez que j'en profite pour le bien du service du roi, et il sera bon qu'une autre fois vous ne tombiez pas dans cet inconvénient. »

Nous touchons à une nouvelle année, et des travaux qui doivent s'accomplir en 1683 ont déjà été prévus en 1682 (2) ; le Directeur a envoyé des mémoires de ce que l'on aura à faire (3), et rien n'est omis, pas même le remuement des terres qui couvriront les fondations des murailles et les murailles elles-mêmes.

§ VI. — Année 1683.

L'année 1682 avait été remplie par des tra- 1683
vaux très importants ; l'année 1683 le fut beaucoup moins. Aussi M. de Chazerat put-il

(1) 23 décembre, Versailles.
(2) 3 juin, Versailles.
(3) 18 juin, Versailles.

1683 obtenir un congé de quelques semaines, pendant lequel il s'occupa de la vente de la *majorité* de Valenciennes.

Les bruits de guerre qui avaient couru pendant quelque temps et qui avaient porté sur la frontière un véritable effroi avaient cessé ; on était tranquille et on pouvait du reste se fier aux fortifications qui avaient été promptement élevées. La ville d'Ypres était en état de se défendre. Avec une activité moindre, on ne s'occupe donc que de continuer et de compléter ce qui n'était pas encore parachevé, selon l'expression de Louvois; rien de nouveau n'est commencé (1). Les propositions de Louvois sont elles-mêmes arrêtées ; il voulait faire paver le dedans de l'arsenal neuf d'Ypres, « mais Sa Majesté (2) n'a pas trouvé que cela soit nécessaire, parce que n'y tombant jamais d'eau, il ne peut y avoir de boue. » Il était couvert, et la terre battue y formait une aire suffisante, « le dehors seul doit avoir un parement (3) ». Au mois d'août, il est de nouveau

(1) 10 janvier, Versailles.

(2) 2 janvier, Versailles.

(3) Sur ce parement du dehors, l'indication est incomplète par la faute du relieur qui a coupé le bas de la page. Cette faute regrettable se présente plusieurs fois dans les deux volumes.

question de l'arsenal ; un sieur Dumetz demandait des réparations; mais Louvois « demande un plan, sur lequel seront estimées toutes les parties contenues dans le mémoire du sieur Dumetz. » Une autre proposition de Vauban (1) concernant les pièces qui se trouvent dans la corne d'Anvers est mieux accueillie ; le roi y donne son consentement. La corne de Thourout est également favorisée (2) et le roi approuve de parachever le remblai et le gazonnage des parapets. En même temps on démolissait les vieux remparts devenus inutiles et l'on s'efforçait d'en vendre les matériaux les plus avantageusement possible aux entrepreneurs. Les bastions sont l'objet de soins particuliers (3); on y construit des guérites en maçonnerie. Pour mieux protéger le bastion de la porte de Beveren, « le roi approuve (4) que l'on prenne de la terre en avant de manière à ce que l'excavation augmente l'inondation sans que l'on ait de la facilité à la saigner. » Il était en effet important de la conserver à un niveau assez élevé pour qu'elle fût une protection suffisante.

1683

(1) 10 janvier, Versailles.
(2) 9 mai, Versailles.
(3) 8 juin, Bellegarde et 10 juillet, Metz.
(4) 6 août, Fontainebleau.

1683 Les travaux sont très réduits ; le ministre lui-même en convient (1) ; on se borne à achever les remparts et les parapets des courtines, à donner à leurs voûtes une grande solidité. « Ne pas remplir les ceintres (2) de maçonnerie, dit Louvois ; il faudrait que les piliers fussent tant pleins que vides, c'est-à-dire qu'ils eussent dix pieds et les voûtes autant. » On maintient également les portes en toute solidité ; on met des manteaux neufs, et dans cette intention, « on ferme (3) les sas de Boesinghe afin que le magistrat d'Ypres puisse y faire travailler, mais que cela dure le moins possible. » En même temps on termine (4) les corps de garde, qui sont au nombre de quatre, et on fait mettre des vitres aux fenêtres. On coupe les gazons et on en abandonne le profit aux officiers-majors : « Mais s'ils coupent les bonnes herbes, qu'ils coupent aussi les mauvaises, sinon cela se fera aux dépens du roi. »

On sait quel rôle important jouaient les palissades dans les anciennes fortifications ;

(1) 30 septembre, Fontainebleau.
(2) 13 juin, Bellegarde.
(3) 18 août, Fontainebleau.
(4) 6 août, Fontainebleau.

aussi en avait-on toujours et partout en magasin ; M. de Chazerat demande des couvertures pour les tenir en bon état à Ypres ; Louvois lui envoie l'approbation royale et le prévient (1) « qu'il écrit en même temps à M. l'intendant que l'intention de Sa Majesté est que ce soit à ses dépens, à la réserve de la paille qu'il vous pourra faire fournir sans la payer. » En novembre, on fit un utile usage de ces palissades. Avec l'approbation du roi (2), M. de Chazerat les prêta « pour la fortification des postes que l'on doit occuper d'Ypres à Comines ; mais vous devez compter, ajoute le ministre, que vous répondrez au roi de leur remplacement, et qu'ainsi vous devez tenir la main à ce qu'il soit fait exactement. » 1683

La question des eaux ne pouvait être négligée ; dès le 2 janvier, Louvois écrit : « J'approuve pour les raisons que vous me dites que vous fassiez encore approfondir d'un pied les rigoles de Dickebusch ; mais ne mettez pas de pont dessus pour la facilité du commerce ; ceux qui en auront besoin en mettront. » En mai, il approuve le rasement des

(1) 31 juillet, Meudon.
(2) 5 novembre, Versailles.

1683 hauteurs de terre afin de former une digue qui soutienne l'inondation du côté de la basse-ville d'Ypres. En octobre, il demande à M. de Chazerat de lui envoyer celui des ingénieurs d'Ypres qui a eu le soin des rigoles ; il veut conférer avec lui : « Je crois qu'il s'appelle Guibert; s'il ne peut courir la poste, vous lui ferez prendre une voiture plus douce. » En novembre, il approuve que l'on mette des corps de garde, munis de tours, pour protéger les écluses des étangs de Zillebeke et de Dickebusch ; mais il demande quelle sera la dépense, et il ne statuera en dernier lieu que sur des explications claires et précises. Il avait raison, car mieux instruit, il convertit en redoutes les terres de ces corps de garde ; les écluses sont donc bien enfermées et à l'abri de toute attaque, de toute détérioration. C'était l'avis de M. de Vauban qu'il s'est fait envoyer. Il importait en effet de donner toute sécurité au service, d'empêcher la rupture des levées et de prévenir des inondations intempestives. Il y en avait eu, et les propriétaires dont les terres avaient été ravagées, demandaient des indemnités. Elles leur sont accordées ; on partage entre eux 450 écus, mais de la part du ministre, M. Delaunois

recommande de veiller à ce qu'un tel désastre 1683
et une telle dépense ne se reproduisent pas.

Cette attention minutieuse, il la porte sur tous les points. Un accident est arrivé au bâtardeau d'Ypres qui soutenait l'eau du bastion 21 ; il attend encore à ce sujet l'avis de M. de Vauban, « il me paraîtrait (1) plus court d'en faire un sur le prolongement de la face droite du dit bastion et de laisser tout le reste à sec. Je différerai de prendre l'ordre de Sa Majesté jusqu'à ce que j'aie reçu l'avis de M. de Vauban. » S'il voit clairement en toute circonstance ce qui doit et ce qui peut être fait, c'est qu'il a sous la main les plans les plus détaillés (2) ; profils, estimations, mémoires, rien ne manque ; et M. de Vauban a tout examiné ; à plusieurs reprises il a changé, modifié les dessins ; ils lui ont été renvoyés plusieurs fois, aussi souvent qu'il les a demandés.

Les entrepreneurs sont exactement surveillés ; après tout on n'a rien à craindre d'eux; ils sont enchaînés par leurs traités et leurs cautionnements : « Vous me mandez (3) les

(1) 17 novembre, Versailles.
(2) 25 août, Fontainebleau.
(3) 8 janvier, Versailles.

1683 affaires des entrepreneurs d'Ypres. Je n'ai pas le temps d'en prendre soin ; le roi ne court aucun risque, pour ce qu'ils lui doivent, au moyen du cautionnement du sieur Wandeweghe (que nous retrouvons encore) ; c'est à eux de l'accommoder ensemble, comme ils jugeront à propos. » Les désastres qui se produisent par leur faute, ils les réparent ; il s'est fait des éboulis dans les chemins couverts, ils en sont responsables. Ils doivent (1) tenir au complet le nombre des ouvriers, afin de pousser les travaux en toute diligence; sinon, le Directeur y mettra bon ordre. Les ouvriers sont protégés contre les entrepreneurs ; le Directeur veille aussi à ce que les prix convenus leur soient payés. S'agit-il de terrassements, ils recevront trente sols de la toise cube.

Le ministre n'oublie pas les briques dans ses prévisions ; il en demande (2) huit millions pour les ouvrages à faire en 1684. Il envoie de l'argent (recommandant toujours de ne faire aucune dépense sans ordres), 14.000 livres qui seront à déduire sur les fonds que le roi ordonnera pendant la dite année ; et en

(1) 6 mai, Versailles.
(2) 21 mai, Versailles.

juillet (1), à ces 14.000 livres, il ajoute 12.000 livres. Il ordonne au trésorier de les envoyer à compte des ouvrages, mais toujours avec la même injonction : « Je vous prie (2) de ne pas souffrir que l'on s'engage à une dépense non prévue. » Le ministre discute tous les prix ; il n'est pas pour lui de petite dépense ; ne s'agirait-il que d'une guérite, il examine ce qu'elle doit coûter et prescrit de ne pas dépasser 400 livres. 1683

Le roi avait encore fait cette année un voyage d'inspection, mais dans les provinces de l'Est; ainsi, d'après notre correspondance, il était à Bellegarde le 8 juin, il y était encore le 13 ; et le 10 juillet, Louvois, qui l'accompagne, écrit de Metz. Les populations aimaient à voir la monarchie se rapprocher d'elles, examiner de près leur état, augmenter le bien et diminuer le mal. Les travaux recevaient une impulsion nouvelle ; tout marchait, tout se précipitait ; la confiance s'affermissait. Les villes bien fermées craignaient moins l'ennemi et les campagnes, si souvent la proie des guerres, se rassuraient à la vue de ces soldats d'élite qui avaient quitté Versailles pour en-

(1) 10 juillet, Metz.
(2) 15 novembre, Versailles.

1683 tourer le souverain d'une garde digne de lui.

C'est de Bellegarde que M. de Chazerat reçut l'ordre de s'occuper de l'entrée du havre d'Ypres et de le rempiéter. Au reste Louvois va étendre sa main forte et vigilante sur toutes les fortifications maritimes. Cette année 1683 marque la fin de Colbert, du grand Colbert, et le roi, faisant cesser cette étrange répartition de la direction des places fortes entre des ministères différents, donne à Louvois la part de Colbert. La direction tend à l'unité, et elle n'en est que plus solide et plus sûre.

Les prévisions pour l'année 1684 ne sont pas considérables, car l'argent n'est pas abondant, et dans les nouveaux marchés qui sont en préparation, « le roi espère (1), écrit Louvois à M. de Chazerat, en votre industrie ». Il importe seulement d'accommoder la place ; dès lors il est possible d'obtenir des rabais considérables ; les ingénieurs doivent y appliquer tous leurs soins en se réglant sur les plans et profils que Vauban a approuvés.

Le service de M. de Chazerat n'était pas exclusivement renfermé dans le rayon des

(1) 10 août, Fontainebleau.

fortifications d'Ypres. Nous l'avons déjà vu, 1683
depuis qu'il est Directeur dans cette ville, s'occuper de places dont il avait été précédemment chargé, de Bergues par exemple, de Gravelines. Il a même été déjà au fort de La Knocke ; il y retourne. Le commandant de ce fort avait écrit au ministre qui renvoie la lettre(1) à M. de Chazerat et lui demande son avis. Cet avis fut sans doute donné d'une façon favorable, car une lettre importante du 9 octobre, datée de Versailles, s'exprime en ces termes : « Le roi approuve que vous fassiez réparer et fortifier, suivant l'estimation que vous en avez faite, les deux estacades ou barrières sur le canal aux avenues du fort de La Knocke tant du côté d'Ypres que du côté de Dixmude. Sa Majesté approuve enfin que vous fassiez faire un petit pont avec un pont-levis sur le canal de La Knocke à la Fintelle. A l'égard du plancher et des lambris que vous croyez à propos de faire au petit arsenal de La Knocke pour la conservation des farines, Sa Majesté veut bien qu'on fasse cette dépense. Travaillez ».

M. de Chazerat est également envoyé à

(1) 23 septembre, Meudon.

1683 Dixmude, dont M. de Montbron était sans doute commandant, car c'est lui qui a écrit à Monseigneur de Louvois. « Le roi vous charge, dit alors le Ministre (1), d'aller visiter, lorsqu'il l'ordonnera, Dixmude pour voir ce qu'il y a à faire pour le mettre en l'état que le roi désire. Les intentions sont bien expliquées, je n'ajoute rien. » Elles le sont toutefois, et avec détail, dans une seconde lettre du même jour : « Je mande au sieur Chazerat d'aller visiter les fortifications de Dixmude et de faire un état des réparations qui y sont absolument nécessaires pour que les troupes que le roi y met en garnison soient en sûreté pendant l'hiver prochain. L'intention de Sa Majesté étant de raser cette place avant le printemps pour n'être point chargé de la garde d'un poste où la moitié de la garnison meurt chaque année, et que l'on ne pourrait sans une dépense immense fortifier raisonnablement tant que les Espagnols auront Nieuport, puisque, pouvant en retirer les eaux par le moyen de leurs écluses, cette place, demeurant à sec, deviendrait fort mauvaise et facile à prendre. L'intention de Sa Majesté est donc que l'on n'y fasse autre chose que de la mettre

(1) 15 novembre, Versailles.

hors d'état d'être insultée, ce que je suis persuadé que l'on fera facilement en prenant des palissades du chemin couvert pour mettre sur les parapets des endroits les plus exposés et en regazonnant les ouvrages du corps de la place qui sont les plus éboulés. » 1683

Deux jours plus tard, il insiste : « Vous avez vu (1) les intentions de Sa Majesté au sujet des fortifications de Dixmude. Envoyez-m'en le plan que vous me faites espérer. »

Deux jours plus tard encore : « J'approuve (2) votre projet de guérites pour que les sentinelles de Dixmude soient à l'abri de l'injure du temps. — Le roi veut que vous répariez les casemates de Dixmude. — Mais à l'égard des réparations à faire aux ouvrages de cette place, vous avez vu par ma lettre du 15 que Sa Majesté voulant la faire raser, il n'est question que de mettre les troupes en sûreté pendant cet hiver, et d'y avoir une couple de bateaux pour casser les glaces. »

Le 29 novembre, répondant sans doute à une missive reçue, le ministre, toujours ménager des deniers du trésor, écrit : « L'inten-

(1) 17 novembre, Versailles.
(2) 19 novembre, Versailles.

1683 tion du roi est que l'on oblige le *Franc de Bruges* à fournir les palissades dont on aura besoin pour faire les traverses nécessaires à Dixmude. — Ne faites pas recouper les terres des éboulis de la dite place et les laissez couvrir de gazon plat ainsi que vous le proposez. »

M. de Chazerat était aussi diligent que son ministre, et il le satisfaisait, sans tarder, comme le prouve cette réponse : « J'ai votre plan de Dixmude et les mémoires, j'envoie le tout à M. Desmadrys afin qu'il fasse travailler à cette place et qu'il impose sur le *Franc de Bruges* les 7.000 palissades : 6.000 pour remplacer celles prises à Ypres, et 1.000 de provision. — Le roi veut que les magistrats de Dixmude réparent les casernes. »

Louvois termine cette année sa correspondance en parlant de Dixmude : « Les fortifications (1) de Dixmude ne marchent pas ; faire diligence. » Faire diligence, c'était certainement le mot d'ordre qu'il envoyait sur toutes les frontières.

(1) 20 décembre, Versailles.

§ VII. — Année 1684.

Pendant l'année 1684, M. de Chazerat s'occupe à plusieurs reprises de Dixmude. Il doit(1) en accomplir le rasement de façon qu'en cas de guerre les Espagnols ne songent pas à s'y établir : « Mais il doit conserver assez de courtines et de flancs de bastions pour que des soldats y puissent hiverner. » Les chemins couverts (2) et les demi-lunes seront démolis; on ne conservera que les demi-lunes qui couvrent les portes. M. Desmadrys a reçu directement les ordres nécessaires pour le temps que Sa Majesté désire que l'on travaille au rasement. Ils sont fort précis, et le ministre les rappelle à M. de Chazerat le 6 mars : « Faites travailler au rasement du dehors des fortifications de Dixmude avec une telle diligence qu'il soit achevé dans ce mois-ci. » Dans ces démolitions se trouve comprise (3) la redoute de garde du pont tournant du canal de Dixmude. 1684

Il paraîtrait que le maréchal d'Humières

(1) 16 janvier, Versailles.
(2) 11 février, Versailles.
(3) 14 mars, Versailles.

1684 qui commandait en chef sur les frontières du Nord avait émis quelques avis en désaccord avec ceux de Louvois au sujet du rasement des dehors de Dixmude ; M. de Chazerat, entre le maréchal et le ministre, pouvait ne savoir à qui obéir. Le maréchal fit cesser ses doutes en se rangeant à la volonté de Louvois qui n'était autre que la volonté du roi. On savait alors se soumettre. M. de Chazerat avait eu du reste la précaution de lui envoyer la dépêche qui lui avait été adressée le 6 mars de Versailles.

La lettre du maréchal est assez intéressante pour que nous la citions toute entière : « Vous (1) m'avez envoyé la copie de la lettre de Mgr de Louvois au sujet du rasement des dehors de Dixmude ; ce qu'il marque est si précis qu'on ne saurait se dispenser de s'y conformer entièrement. Ainsi, monsieur, vous pourrez, sans vous arrêter à ce que je vous en avais écrit, y faire travailler incessamment, afin que cela puisse être achevé dans ce mois-ci. Il ne me paraît pas qu'il puisse y avoir aucun inconvénient, le nombre des troupes qui seront dans la place étant suffisant

(1) 14 mars, Lille.

pour y pouvoir rester pendant qu'on y travaillera. » 1684

Cette lettre se termine par une formule qui est très flatteuse pour M. de Chazerat et qui témoigne de la juste estime qu'il faisait de lui : « Je suis absolument à vous. » On conçoit que M. de Chazerat l'ait conservée.

Elle prouve de plus, et c'est un fait curieux à constater, que, malgré la paix, la campagne n'était pas complètement débarrassée de soldats maraudeurs, et que l'on pouvait redouter un coup de main. La guerre, depuis lors jusqu'à nos jours, est loin de s'être adoucie ; du reste, comment la guerre se ferait-elle doucement ? Mais du moins maintenant quand elle est finie, elle est bien finie ; et les faits isolés qui se produisent sur une frontière ne prouvent rien contre le repos général ; ce sont des maladresses individuelles, des erreurs toujours regrettables que les gouvernements ne connaissent en définitive que pour les blâmer. Au XVIIe siècle, on le voit, la lutte continuait contre des rôdeurs, contre des soldats licenciés ; et les villes des frontières étaient exposées à des incursions, à des attaques, contre lesquelles elles devaient se mettre en garde ; il leur importait d'être en mesure

1684 de les repousser et d'en garantir leurs approches.

Les soldats travaillent (1) au rasement de Dixmude, et le roi « veut bien qu'on leur donne vingt sols pour chaque toise cube. Il ordonne en même temps de faire transporter à Ypres les palissades, fraises et autres matériaux de Dixmude et de ne laisser à cette place que les portes, ponts et casernes et corps de garde. »

Les vieilles palissades qui n'ont aucune valeur, le roi (2) les donne aux récollets d'Ypres. Mais il en est qui ont été volées par les soldats, et Louvois écrit à M. Desmadrys de les faire payer au capitaine à raison de trente sols la pièce. Quant aux autres matériaux provenant de la démolition de quelques redoutes et bâtardeaux de Dixmude, « le roi (3) les accorde à M. de Chazerat qui peut en disposer. »

A la fin de l'année 1683, Louvois s'était préoccupé des ouvrages qui resteraient à faire l'année suivante ; il avait demandé à M. de

(1) 24 mars, Versailles.
(2) 5 avril, Versailles.
(3) 14 décembre, Chambord.

Chazerat une estimation des plans qu'il fai- 1684
sait venir, qu'il renvoyait (1) et qu'il faisait venir de nouveau, par exemple, celui où tout le bastionnement de la place était marqué (2); sur les profils, il exige des figures qui donnent un véritable relief, et à propos de l'un d'eux: « Je me plains (3), dit-il, qu'on n'ait pas marqué la figure que fait la muraille de la branche gauche de la corne d'Anvers d'Ypres qui a poussé, afin de me mettre en mesure d'y pourvoir, et c'est ce que vous ne manquerez pas de faire. » Les profils ne lui suffisent pas, il réclame (4) un véritable plan en relief de la ville d'Ypres afin de l'embrasser dans son ensemble.

Le renvoi des plans était suivi d'ordres très précis et de demandes de renseignements (5). Ainsi le ministre « ne comprend pas le double remuement de terre qu'il y aura à Ypres; pour le comprendre, il faut que j'aie un état des travaux qui doivent être faits cette année. Entendez-vous avec M. Desmadrys pour que

(1) 17 février, Versailles.
(2) 5 janvier, Versailles.
(3) 14 mars, Versailles.
(4) 4 avril, Versailles.
(5) 20 février, Versailles.

1684 je l'aie au plus tôt. — J'approuve que vous ayez fait un grand contrefort qui fait la sûreté de l'épaule gauche du bastion 21 d'Ypres pour en empêcher la ruine. » Si on détruit les fortifications de Dixmude, on augmente sans cesse celles d'Ypres ; la ville d'Ypres est en effet opposée à Nieuport qui est resté à l'Espagne, et, en cas de guerre, elle serait du premier coup menacée. Non-seulement on fait des augmentations, mais on répare ce qui déjà existe et a subi des avaries. Ainsi la muraille (1) de la branche gauche de la corne d'Anvers a poussé, nous venons de le dire ; il faut la redresser ; la dépense montera à 11.500 livres ; mais le roi approuve la dépense, et Louvois donne ordre au trésorier d'envoyer la somme ; il recommande à M. de Chazerat de faire travailler aussitôt que la saison le permettra.

En définitive, la ville est en mesure de se défendre ; on peut donc l'armer. On avait proposé au roi (2) d'acheter des canons de fer ; il ne les croit pas d'un bon usage, et il n'en a pas besoin. Du reste les personnages qui faisaient la proposition devaient être assez

(1) 20 mars, Versailles.
(2) 26 février, Versailles.

mal famés, car Louvois ajoute : « vous ne 1684
devez pas donner votre argent aux gens dont il est parlé ». Dans la défense, les ouvrages doivent se soutenir ; M. de Chazerat fait « rectifier (1) les alignements d'une demi-lune, autrement elle empêcherait le canon que l'on mettrait dans les gorges des deux autres demi-lunes ; et le bastion qui doit être fait derrière la corne d'Anvers ne serait pas défendu. Examinez, dit Louvois, de combien il faut avancer la demi-lune. Il me semble qu'en prolongeant la face droite au delà de la pointe présente de la dite demi-lune, on gagnerait autant de terrain que l'on désirerait, ce qui donnerait moyen de recouper la gorge autant qu'il serait nécessaire, et cela ferait peut-être encore un bon effet, en donnant lieu de supprimer tout-à-fait la petite demi-lune marquée 12. — Envoyez votre avis. »

De plus, on fait mettre des oreillons à tous les bastions ; on met les ponts en état, et aussi les portes ; on met une nouvelle bascule à la porte de Messines. Une porte neuve a été ouverte à Ypres : « le roi approuve (2) qu'on lui donne le nom de Monseigneur le duc de

(1) 4 avril, Versailles.
(2) 16 juillet, Versailles.

1684 Bourgogne. Je vous envoie un dessin des armes. » On n'a garde d'oublier l'arsenal que l'on pourvoit de rateliers pour mettre les armes et les tenir en bon état.

Les travaux étaient assez avancés pour que les bourgeois d'Ypres, sûrs de l'avenir, songeassent à embellir (1) la ville et ses abords, et à se ménager quelques lieux de plaisir et de repos. Ainsi ils demandent (2) à acheter des terrains pour créer des jardins. « Mais, écrit le ministre, il faut voir si les offres, que ces gens-là feront, produiront quelque argent un peu considérable ; mandez-le moi. »

Va-t-on cette année négliger les conduites d'eau ? Non. Un des derniers mots du ministre en 1683 avait été : « En quel état sont les rigoles d'Ypres ? » et dès le 7 janvier : « Envoyez-moi un plan de l'étendue de l'étang de la tête de la basse-ville d'Ypres, et expliquez-moi quelle est la proposition que vous voulez faire à M. de Vauban au sujet du dit étang, parce qu'il se pourrait faire qu'il ne passât pas de sept à huit mois à Ypres. » Il donne ensuite les dimensions pour un bateau

(1) 24 décembre, Chambord.
(2) 16 septembre, Versailles.

à transporter les hommes de garde sur les 1684
canaux, capable de contenir quinze à vingt hommes ; c'est assez ; au besoin on fait deux passages.

Il s'inquiète (1) de la hauteur que peuvent atteindre dans la plaine les inondations produites par l'échappement à travers les canaux des eaux des étangs ; et il voit avec plaisir qu'elle est considérable. Mais il faut tenir les rigoles d'amenage en bon état et « par le compte (2) du sieur Daugecourt, je vois que quelques-unes ne sont pas encore terminées, même du côté de l'étang de Zillebeke. Je demande le mémoire de la dépense pour l'achèvement. » Louvois partait à ce moment pour le Luxembourg, et il remet à plus tard à statuer sur le parti définitif que l'on peut tirer des étangs de Dickebusch et de Zillebeke ; tels qu'ils sont, ils rendraient de grands services, et leur action deviendra encore plus prompte et plus décisive ; en quelques heures, ils seront répandus autour de la ville. « Il n'y a qu'un moyen (3) de juger de l'état d'un canal de dispersion, c'est de le mettre

(1) 24 février, Versailles.
(2) 8 juin, Versailles.
(3) 15 août, Versailles.

1684 à sec, et c'est ce qu'il faut faire pour le canal et l'étang de Boesinghe.» L'essai d'inondation sera facile à faire l'hiver et au printemps l'eau sera retirée. Il n'est pas à craindre que les eaux montent trop haut, car elles seraient rapidement baissées en faisant donner l'écoulement par dedans la ville. « J'ai appris qu'il y a quelque désordre nouveau dans les rigoles de Dickebusch ; cela tient à ce qu'on n'a pas fait les déchargements proposés par M. de Vauban. Je demande (1) un plan, un devis des prix. »

Le gouverneur de Nieuport avait fait une proposition que M. de Chazerat communique, sur l'ordre du ministre, au maréchal d'Humières : il voulait (2) rétablir le commerce de la barque d'Ypres à Nieuport ; il donnerait toutes les facilités et sûretés que l'on pourrait désirer. Il est probable que les Espagnols de Nieuport souffraient de la rupture de leurs relations avec Ypres; dès lors, puisque la paix existait, pourquoi ne pas les rétablir? Il serait toujours temps de se séparer quand on en viendrait aux coups. La proposition

(1) 14 novembre, Versailles.
(2) 11 février, Versailles.

était généreuse et méritait d'être prise en considération. 1684

Comme tous les ans, le ministre enjoint de faire des approvisionnements complets de matériaux, surtout de briques, et aussi de surveiller les entrepreneurs. Il n'admet pas que l'on prolonge leurs marchés ; il en exige de nouveaux, et il veut (1) que tout soit fait conformément aux marchés. Ainsi quand il s'agit d'élargir et de rehausser les remparts et les parapets de la place, « il se remet au Directeur de faire payer aux entrepreneurs d'Ypres les terres nécessaires à raison de 3 livres 10 sols la toise. » Il ajoute cependant : « si vous croyez ». Ces derniers mots le peignent tout entier ; il était exigeant, mais il n'était pas dur.

Les travaux continuent (2) au fort de La Knocke, et c'est par adjudication que les marchés sont conclus. M. Desmadrys est chargé de l'exécution des réparations et de l'entretien des bâtiments et des ponts.

Enfin le havre d'Ypres attire l'attention ; il a besoin d'être rempiété et récuré. Louvois,

(1) 30 août, Versailles.
(2) 16 août, Versailles.

1684 qui l'a maintenant sous sa main, donne les ordres nécessaires au Directeur d'Ypres. Le 29 juillet, il insiste : « on peut travailler à la maçonnerie du rempiétement de l'entrée du havre et des bâtardeaux voisins. »

Combien sont intéressantes les lettres où l'argent est en cause ! avec quel soin et quelle mesure il est réparti ! Le 9 mars, le ministre envoie 30.348 livres, dont 2.000 pour complément de travaux, et 28.348 attribués au revêtement d'une demi-lune et d'une contrescarpe. Il faut payer les réparations des corps de garde, des redoutes, des magasins, des ponts. Louvois demande de connaître le détail de la dépense : « Envoyez tout ensemble afin que je ne sois pas obligé d'écrire plusieurs fois pour avoir des éclaircissements. » Le détail connu, l'argent arrivera. Bien renseigné, « il autorise la prolongation du pont de la porte d'Anvers et l'arrangement de celui d'une demi-lune ; il mande que M. Desmadrys recevra 2.400 livres de fonds nécessaires.

Dès le mois d'octobre (1), on songe à Chambord aux travaux de l'année suivante. M. de Chazerat est autorisé à quitter son poste

(1) 7 octobre, Chambord.

et si la cour n'est plus à Chambord, il la retrouvera à Fontainebleau ; et comme M. de Vauban y sera lui-même, tous les plans seront arrêtés et approuvés. 1684

Un incident nouveau et inattendu, ou, si l'on aime mieux, imprévu, se produit à la fin de l'année, tout à fait à la fin, car la lettre qui le signale est du 30 décembre. Il est sans doute encore question, ce qui n'est pas nouveau, de briques et de chaux, soit à Ypres, soit à Dunkerque, mais encore plus du combustible qui sert à faire les briques, et ce combustible est le charbon, et, ce qui peut à cette époque surprendre dans une certaine mesure, le charbon de terre. Ce charbon n'entrait pas encore fréquemment dans les usages; on l'employait, en petite quantité, là où on le trouvait, en Angleterre, en Belgique. Il semble qu'il n'est pas encore vraiment utilisé en France, même dans la France du Nord. Ce n'est qu'à la fin du XVIIIe siècle que l'Angleterre et la Belgique le brûlèrent en grande quantité et à grand profit ; et la France ne les imitait qu'avec hésitation ; ses essais étaient encore rares et peu convainquants. Le grand ministre, en cela comme en bien d'autres choses, a devancé son temps.

1684 C'est du sieur du Verger qu'il attend des renseignements ; il en prévient M. de Chazerat : « Je demande (1) au sieur du Verger ce qui se passe à Dunkerque pour la brique et pour la chaux, et je vous prie de me faire savoir la même chose pour Ypres, me marquant ce que vaut la mesure de chaque charbon vendu à Dunkerque, et ce que coûte la voiture de Dunkerque à Ypres, et si l'on ne s'est pas servi de charbon venant du côté de Mons pour faire de la chaux et de la brique à Ypres, et en ce cas de me donner les mêmes éclaircissements sur la valeur de ce charbon-là vendu à Ypres, et sur ce qu'il en faut pour faire de la brique et de la chaux. »

Voici du reste la lettre même écrite par Louvois au sieur du Verger : « J'ai besoin d'être informé exactement de ce qu'il faut de mesures de charbon d'Angleterre pour cuire une fournée de briques ; combien il y a de briques dans cette fournée ; quelle est leur dimension ; ce que coûte la mesure du charbon d'Angleterre dont vous me parlez vendu au port de Dunkerque ; et ce qu'elle pèse, poids de marc, c'est-à-dire poids de Paris qui

(1) 30 décembre, Versailles.

a seize marcs à la livre. Je n'ai que faire de 1684
savoir ce qu'il coûte pour voiturer le charbon à la briqueterie, parce que les éclaircissements ne devant servir que pour connaître si l'on pourra se servir de ce charbon pour cuire des briques sur la rivière de Seine, ce détail me serait inutile. Le charbon dont on se sert pour faire de la chaux, est-il d'une autre qualité que celui qui sert à faire de la brique? Que coûte la mesure vendue au port de Dunkerque? Que pèse-t-elle en poids de marc? Combien en faut-il de mesures pour faire un muid de chaux de pierre dure et un muid de chaux de pierre tendre? Le muid de chaux est composé de six futailles pleines, chaque futaille ayant au milieu deux pieds un pouce et demi de diamètre et aux extrémités deux pieds et deux pieds et demi de hauteur. »

Quand on interroge si clairement, si méthodiquement, on ne saurait pas ne pas obtenir les réponses que l'on désire et que l'on réclame comme indispensables.

§ VIII. — Année 1685.

Les années ne sont plus aussi remplies 1685
qu'elles l'étaient précédemment. La paix de

1685 Nimègue conclue, les travaux avaient été vite entrepris dans les villes conquises, et ils avaient été poussés avec une telle suite et une telle vigueur, qu'en quelques mois la défense avait été établie. Elle fut achevée, parachevée, suivant l'expression du ministre, pendant les années qui suivirent. Tout est prêt enfin, et il ne reste vraiment plus à donner que des soins d'entretien.

Louvois se fait cependant encore envoyer des plans, des profils, des tableaux exacts et fidèles des fortifications d'Ypres, et il les soumet à M. de Vauban. Dans la lettre du 2 avril, écrite de Versailles, il est question de l'appareilleur qui « a levé ces dits plans, dont on pourrait se servir pour inspecteur des ouvrages de la dite ville et lui donner la paie de deux inspecteurs-lieutenants, comme vous le proposez. » Cette phrase indique une réduction dans le personnel des travaux, et justifie l'observation que nous présentions tout à l'heure; il n'y a plus à créer, il n'y a qu'à compléter et à entretenir.

Un souci nouveau nous frappe, celui de ménager les habitants. Aussitôt après le traité, on n'a songé qu'à les défendre, ou plutôt à défendre la conquête de la France,

et l'on a dirigé les lignes des fortifications 1685
suivant la nature et les besoins du terrain, sans tenir compte des intérêts des particuliers. Quelques ménagements avaient toutefois été prescrits sur un point ou sur un autre ; ils deviennent plus fréquents et plus précis ; ce sont des Français qui sont en cause, et non plus des étrangers. M. de Vauban mande à M. de Chazerat « que (1) *pour épargner les maisons* dans l'exécution des nouveaux projets d'Ypres, il faut réduire les flancs des bastions de la tête de la basse-ville à douze toises. » Faut-il cependant déposséder un habitant, comme cet homme qui était tout à la fois tanneur et brasseur et « dont (2) on était obligé de prendre la brasserie et la tannerie pour donner la largeur suffisante au fossé du bastion qui en est voisin », Louvois ne demande pas mieux que de l'indemniser, mais pour qu'il soit en état de répondre pertinemment, il demande « un plan de la maison et aussi de la place qu'il réclame comme nécessaire à la reconstruction de sa tannerie et de sa brasserie. » Le plan est envoyé, et le roi, après

(1) 26 février, Versailles.
(2) 6 juin, Versailles.

1685 l'avoir vu, « accorde (1) au brasseur-tanneur la place qu'il demande joignant sa maison pour y transporter ses caves et ses marchandises. »

Dans le *parachèvement* et même dans l'entretien des ouvrages, il n'y a plus de hâte. Le fils de Louvois, Barbezieux, avait fait un voyage dans le Nord et avait passé à Ypres; il a rapporté à son père que les ouvrages encore incomplets ne pourraient être terminés cette année, et Louvois écrit à M. de Chazerat: « Ne vous opiniâtrez (2) pas à travailler pendant la mauvaise saison; faites arrêter les dits ouvrages et couvrir pour qu'ils ne souffrent pas le mauvais temps, et amassez des matériaux pour que tout s'achève de bonne heure l'an prochain. »

La sécurité est vraiment parfaite, et la vie à Ypres est aussi facile qu'au centre de la France. Aussi le roi veut-il « bien que (3) l'on permette aux propriétaires des terres qui joignent les glacis des chemins couverts d'y faire paître leurs bestiaux, pourvu qu'ils ne s'approchent pas des palissades de la place plus près de quinze toises. »

(1) 20 juin, Versailles.
(2) 16 septembre, Chambord.
(3) 13 avril, Versailles.

Dans un si grand remuement de terres, des 1685
creux s'étaient produits sur plusieurs points qu'il fallait combler; le roi y pourvoit. « Il veut (1) qu'on ne transporte hors d'Ypres que des fumiers. Toutes les vidanges et groises des bâtiments doivent être portés dans les endroits du rempart qui en ont besoin; et il recommande qu'on y tienne la main. »

Les entrepreneurs eux-mêmes ne sont plus tenus de si près; les besoins étant moins pressants, « ils jouissent (2) d'une plus grande aisance; il est juste qu'ils profitent des pierres qu'ils font tirer des carrières d'Avesnes-le-Sec, et qu'ils ont marchandées pour les dits ouvrages de cette place, et je mande au commissaire Morice de tenir la main à ce que l'on ne les empêche pas. »

Louvois disait tout à l'heure qu'il fallait amasser des matériaux; il désigne spécialement « des fascines (3) tirées des chastellenies », mais il tient à ce qu'elles soient de bonne qualité; autrement il ne faut pas les recevoir.

(1) 19 octobre, Fontainebleau.
(2) 10 septembre, Chambord.
(3) 20 juin, Versailles.

1685 Mais le gros intérêt des approvisionnements porte sur la brique, la chaux et le charbon qui sert à fabriquer la brique et la chaux. On se rappelle la correspondance qui a déjà eu lieu avec le sieur du Verger et à son sujet. Le 10 janvier, de Versailles, Louvois envoie à M. de Chazerat la dépêche suivante : « J'ai (1) votre réponse au sujet de la lettre que j'ai écrite au sieur du Verger. Il me reste à savoir ce qu'il coûte pour faire faire la brique outre le charbon. Envoyez-moi un mémoire exact ; expliquez-moi si les 46.000.000 de briques qu'il y a de déchet sur chaque four ne sont bonnes à rien, et si au moins elles ne peuvent pas entrer dans le cube de la maçonnerie. — J'ai aussi besoin de savoir ce qu'il coûte aux chaufourniers de Warneton pour faire un muid de chaux, mesure de Paris, outre le prix du charbon, c'est-à-dire ce que coûte la pierre nécessaire pour faire le dit muid de chaux rendue à Warneton, et ce que leur coûte en journées d'hommes pour enfourner et défourner, et entretenir leurs fours. — Mandez-moi aussi à quoi servent les cendrées des dites chaux que vous dites que l'on vend la moitié du prix de

(1) 10 janvier, Versailles.

la chaux, et combien il se fait de cendrée en cuisant un muid de chaux, mesure de Paris. » 1685

Le 26 janvier, il ajoute de Versailles : « Mandez-moi si l'on se sert à Ypres de la chaux de Boulogne ou de la cendrée de Tournay, et laquelle des deux est de meilleur usage. Dans votre lettre du 30 du mois passé (1), vous me dites bien les différents effets que font la chaux de Boulogne et de Tournay, mais vous ne me dites pas à combien la pierre à chaux de Boulogne revient à Ypres ; faites-le moi savoir sans retard, marquez-moi à combien revient la toise cube de pierre, combien elle fait de muids, et la quantité de charbon qu'il faut pour la cuire. »

Sans doute, la fourniture de la brique et celle de la chaux importent à quiconque élève des fortifications ; mais le combustible qui sert à la faire importe également. Le bois est cher et le charbon de bois plus cher encore. Pourquoi ne pas se servir plus qu'on ne le fait de ce charbon, connu depuis si longtemps, d'un usage restreint encore en Angleterre et en Belgique, et plus restreint encore en France, du charbon de terre ? Il

(1) 3 février, Versailles.

1685 existe sur plusieurs points, et spécialement dans la vallée de l'Allier ; mais comment le faire venir ? M. de Chazerat avait mis dans un de ses courriers un mémoire sur la navigation de l'Allier ; Louvois le lui renvoie le 10 janvier, en disant « qu'il n'est pas pour lui. » M. de Chazerat a dû insister, préoccupé certainement d'un pays qui est le sien et dont la prospérité lui tient au cœur. Il avait pris des renseignements positifs en Auvergne ; il s'était adressé aux personnes compétentes et, naturellement, au receveur général. Il arrive à fixer l'attention du ministre, qui lui écrit : « Pour (1) répondre à la proposition que vous a faite le receveur général d'Auvergne d'étendre la navigation de la rivière de l'Allier jusqu'au pied de la montagne que je prétends être remplie d'un fort bon charbon, il faudrait que vous me marquassiez quel prix le charbon d'Auvergne pourrait être vendu à Paris ; ce qu'il coûterait pour rendre l'Allier navigable jusqu'au pied de cette montagne. Envoyez-moi un mémoire le plus tôt possible. »

Ce sont les mines de Brassac, évidemment,

(1) 21 janvier, Versailles.

qui sont ici en cause; mais que d'années 1685
s'écouleront avant qu'elles soient utilement exploitées et que les produits de leur extraction se répandent dans le nord de la France. L'Allier n'est pas même aujourd'hui navigable et ne le sera jamais. Les mines d'Auvergne ont dû leur fortune à ces nouvelles voies de communication, maintenant partout ouvertes, aux chemins de fer. Mais rien n'échappe à l'œil du génie et Louvois avait prévu tout ce qu'elles donneraient un jour de ressources et de richesses.

Venons à l'affaire des eaux, à laquelle est consacrée une longue lettre du 2 janvier, datée de Versailles : « J'ai vu le plan que vous m'avez envoyé des rigoles d'Ypres et la proposition que fait M. de Vauban de rompre la chaussée de Reninghelst, ce que je ne puis approuver, puisque la plupart des rigoles qui ont été faites ne l'ont été à autre intention que de profiter de l'eau qui coule la plupart de l'année dans ce fond-là. Je ne crois pas non plus que les propriétaires des terres qui sont inondées dans les grandes eaux par cette chaussée doivent prétendre de dédommagement considérable, puisque leurs terres n'étant inondées que pendant les grandes

1685 pluies, et vingt-quatre heures après qu'elles sont cessées, leurs terres devront toujours produire de fort bonne herbe. Cependant, comme en l'état présent des choses il n'est pas nécessaire d'une grande quantité d'eau autour d'Ypres, mais qu'aussi il ne peut être que fort utile qu'il en coule toujours un peu, vous devez incessamment faire refermer la coupure que maladroitement l'on a faite à l'endroit marqué F, ou du moins le rehausser de manière que la superficie de déchargeoir qui reste soit de quatre à cinq pieds plus haut que la base par laquelle l'eau retenue par cette chaussée défile dans la rigole. — Je dis que vous devez rehausser ou recómbler entièrement ce déchargeoir, parce que je ne sais pas la situation où il est, et que si, quand il sera rehaussé à la hauteur que j'ai marquée, sa superficie était plus haute que les terres qui sont derrière, il faudrait boucher entièrement cet endroit pour faire un autre déchargeoir de la largeur que vous estimerez convenable au niveau marqué ci-dessus, à l'endroit où cette coupure pourra être enfoncée d'un pied ou deux dans la terre qui n'a point été remuée, et l'écouler sur la superficie naturelle de la terre deux ou trois toises au delà du pied du talus extérieur de la dite chaussée. — Je ne vous prescris point la largeur de ce déchargeoir, parce que vous la règlerez à proportion de ce que la quantité d'eau qui court dans ce fond-là vous le fera juger nécessaire, vous observerez ce que je viens de dire sur le lieu où doit être placé ce déchargeoir pour tous ceux qui sont à faire dans la rigole suivant que je vais vous l'expliquer. — A l'égard de tout le reste de la rigole, vous pourrez, dans les endroits où vous le jugerez à propos et sur le terrain ferme *voisin* (1) des fonds où il arrive plus d'eau, y faire des déchargeoirs à la hauteur nécessaire pour que, dès que les eaux prendront plus de trois pieds de hauteur contre le talus, elles puissent s'échapper dans les fonds voisins, et que, tant qu'elles ne prendront pas plus de hauteur, elles coulent toutes à la ville, où elles ne peuvent être que d'une grande utilité pour les moulins. — Par cet expédient, la ville aura toujours une quantité d'eau considérable qui coulera pendant une grande partie de l'année, ce qui aidera fort à la navigation, et dans les trop grandes eaux elle n'en sera point accablée, 1685

(1) L'employé avait mis *vis-à-vis*, Louvois a corrigé et mis *voisin*.

1685 et s'il arrivait que la situation des affaires générales requît que l'on formât la grande inondation en peu de temps, vingt écus de dépense à remettre les terres que l'on aura ôtées de la berge de la rigole pour faire les déchargeoirs et que l'on aura laissées sur la dite berge des deux côtés des dits déchargeoirs, remettront les choses en tel état que la dite inondation se pourra former en très peu de temps; c'est ce que vous ferez exécuter aussitôt que le dégel vous permettra de faire ouvrir la terre, et ne souffrirez point pour quelques raisons que ce soit que l'on y fasse aucun changement, et que l'on prive la ville *d'eau comme on a fait cette fois-cy sans ordre.* (1) »

On ménage les habitants au sujet des rigoles tout aussi bien qu'au sujet des remparts. « Le roi (2) approuvant que l'on mette en sûreté la *cense* (3) située au dessus de la digue de l'étang de Dickebusch, ordonne que l'on fasse détourner la rigole au dessus de la dite cense

(1) Le rédacteur de la lettre avait mis *de l'eau qui coule*, Louvois a corrigé.

(2) 15 janvier, Versailles.

(3) C'est le nom que l'on donne en Belgique à une métairie.

en la manière proposée par M. de Vauban. » 1685

Ces précautions et ces ménagements n'empêchaient pas de régler chaque année le niveau des inondations possibles afin d'être prêt à tout événement. Mais on les baissait presque aussitôt, puisqu'on n'avait pas à redouter la guerre et par conséquent un siége. Louvois écrit donc le 2 avril : « Je ne vois rien qui puisse empêcher de baisser les inondations d'Ypres pendant cette année ; ainsi vous le pouvez faire autant qu'il est nécessaire d'y conserver d'eau pour les bassins de la ville et pour faire tourner les moulins pendant la sécheresse ; vous le pouvez permettre. »

Dans tous les cas, l'argent n'est pas ménagé. Outre les provisions ordinaires, le ministre est disposé à fournir, si elles sont insuffisantes (1), de quoi achever les travaux proposés par M. de Vauban. « L'état monte à 67.000 livres (2) ; vous aurez d'abord 60.000 livres. » Le 5 octobre, non-seulement le ministre complète la somme précédente, mais il ajoute 57.000 livres pour les approvisionnements de l'année suivante.

(1) 3 mai, Versailles.
(2) 13 juillet, Versailles.

1685 Les arrangements de Dixmude ne sont pas encore terminés, tout y est en si mauvais état! « Puisque la voûte de la vieille porte de Dixmude (1) est si défectueuse que vous ne croyez pas que l'on doive s'en servir pour porter le cavalier que le roi a ordonné que l'on fit dessus, je me remets à vous, dit Louvois, de faire ce que vous jugerez à propos. » La voûte était en effet si défectueuse qu'un accident ne tarda pas à se produire. Le ministre ordonne (2) de la raccommoder, mais aux dépens des entrepreneurs, tout en ménageant leur recours contre le maçon qui est en faute.

C'est sur cette affaire, étrangère à Ypres, que se termine l'année 1685 qu'aucun grand travail n'a signalée.

§ IX. — Année 1686.

1686 Décidément, les grandes tâches à Ypres sont terminées ; l'année 1686 ne sera pas mieux remplie que la précédente.

Elle commence heureusement pour M. de Chazerat qui reçoit de M. Le Pelletier de Souzy

(1) 20 août, Versailles.

(2) 2 décembre, Versailles.

une lettre fort honorable, pleine d'estime. M. 1686
Le Pelletier de Souzy « demande (1) des renseignements sur les mœurs, la capacité et la fidélité du sieur Péquet, ingénieur, qu'on lui propose pour l'inspection et la direction des ouvrages publics que le roi fait faire, et qui a travaillé à Ypres. » M. Le Pelletier de Souzy est en ce moment un des hauts fonctionnaires du ministère de la guerre, et son opinion, quand il l'exprime aussi nettement qu'il va le faire, est considérable ; il termine ainsi : « Je profite avec bien de la joie de cette occasion de vous témoigner que je suis de tout mon cœur votre très humble et très obéissant serviteur. »

Dans une seconde lettre (2), il le remercie des renseignements qu'il a reçus ; puis il s'occupe des charbons d'Auvergne que Louvois a signalés, et qu'on ne peut faire venir que par l'Allier (3). Mais en quel état est cette rivière? est-elle navigable? Son cours a été visité par le sieur Mathieu, ingénieur, attaché à la conduite des turcies et levées, qui remettra des mémoires. M. de Chazerat appartient à

(1) 30 janvier, Paris.
(2) 11 février, Paris.
(3) Le nom de l'Allier est écrit *l'Aliez*.

1686 l'Auvergne, il pourrait donner des éclaircissements. « Vous me feriez plaisir de me les envoyer, ajoute M. Le Pelletier de Souzy, j'en rendrais compte à M. de Louvois et à M. le contrôleur général, et je ferais valoir votre zèle. » La fin de cette lettre est, comme celle de la première, pleine de déférence.

Evidemment, cet échange de lettres concorde avec les préoccupations de Louvois au sujet de la fabrication de la brique et de la chaux. Il a besoin d'approvisionnements «de briques pour travailler (1) deux mois l'an prochain»; et il conseille de la faire dans les lieux très rapprochés de ceux où elle sera employée. A ce sujet il réclame des plans, des profils, suivant sa coutume. « J'ai besoin, dit-il plus tard (2), des états complets des fortifications d'Ypres, pour adresser le compte des fortifications des places de mon département; ayez soin d'en remettre incessamment les toisés à M. Desmadrys (3), afin qu'il ne diffère pas plus longtemps de me les envoyer. »

(1) 19 février, Versailles.

(2) 5 août, Versailles.

(3) Ce M. Desmadrys a dû, à la suite des services rendus, monter dans l'estime, dans la faveur du ministre, et par suite, sa situation est devenue importante.

Un magasin à poudre attire spécialement 1686
l'attention (1) du ministre ; il doit être construit dans le courant de l'année près du rempart dans la blancherie. Dès que le plan est arrivé à Versailles, le 5 mars, il prend les ordres du roi qui s'en remet à M. de Chazerat pour le placer dans l'endroit le plus convenable, sans rien préjudicier au service. Il ajoute: « dans l'endroit qui pourra le moins incommoder les bourgeois. » Ce souci de respecter les habitants de la ville, cette crainte de les blesser nous ont déjà frappés. Les ménager, c'était les gagner, et par suite, c'était faire de la bonne politique à la suite d'une annexion à laquelle ils avaient peut-être quelque peine à s'habituer.

Sur le vieux rempart restait le magasin à poudre des Espagnols (2), mais il était en mauvais état ; le plancher de sa tour menaçait ruine ; et cependant, il était encore très utile pour les distributions journalières. Cinquante livres suffisent pour cette réparation que le ministre autorise. Le 19 octobre, il insiste sur cette réparation : « Dès que la tour qui sert

(1) 19 février, Versailles.
(2) 9 octobre, Fontainebleau.

1686 de magasin à poudre pour la distribution ordinaire sera achevée, arrêtez le compte des entrepreneurs. »

Il recommande encore d'utiliser au plus près les terres superflues (1), et de disposer les amas de façon qu'en cas de défense, ils ne gênent pas le feu du rempart. Il réclame (2) même à leur sujet un plan et un profil ; il veut connaître et l'endroit où on les met, et la hauteur qu'on leur donne. Elles cubent 6.880 toises ; il importe (3) donc d'expliquer comment on les placera.

La lettre du 13 mars n'était pas entièrement consacrée aux terres superflues ; elle parle d'un désordre qui s'est produit à Ypres ; quel est-il ? Le ministre ne s'explique pas : « Je ne vous dirai rien, parce que M. de Mesgrigny devant aller sur les lieux, vous n'aurez qu'à exécuter ce qu'il règlera. » Nous rencontrons ici un des plus grands noms de la Champagne ; M. de Mesgrigny occupait certainement une haute position; et il est évident qu'il a reçu plein pouvoir.

(1) 27 février, Versailles.

(2) 13 mars, Versailles.

(3) 17 mars, Versailles.

La lettre du 2 avril est à ce sujet explicite. 1686
Il s'est fait une brèche dans les remparts ; M. de Mesgrigny, de passage à Ypres ou chargé d'une mission spéciale, a fait un rapport (1); il propose, pour rétablir solidement la brèche, trois moyens que le ministre ne relate pas ; il dit seulement que le roi estime que le premier est le meilleur, et que M. de Chazerat doit s'y conformer en faisant les fondations de quinze à vingt pieds de profondeur. Cependant, le 24 avril, le ministre paraît revenir sur la décision. M. de Chazerat a certainement émis quelques doutes sur les vues de M. de Mesgrigny qui « veut (2) réparer la maçonnerie du bastion avec des fondements plus épais et plus profonds » ; et comme M. de Vauban doit être dans peu de jours sur les lieux, « je vous renvoie, dit Louvois, votre lettre afin que vous lui rendiez compte, et qu'en me mandant son avis sur cela, *que vous exécuterez* (3), vous me fassiez savoir ce que cette réparation pourra coûter. » Quelqu'estime dont pût jouir M. de Mesgrigny, il est évident

(1) 2 avril, Versailles.

(2) 24 avril, Versailles.

(3) Ces mots *que vous exécuterez* sont de la main de Louvois.

1686 que son avis ne pouvait prévaloir contre celui de Vauban. Mais d'après une lettre du 16 août, il semblerait que tous deux se fussent rencontrés et eussent donné une même estimation pour la réparation de la partie du bastion qui a coulé, car le ministre les unit dans sa pensée et envoie les fonds nécessaires.

Et les inondations artificielles ? Elles sont chaque année l'objet de préoccupations nouvelles. En quel état sont les rigoles (1) ? Dans l'essai précédent, le flot des eaux a causé quelque désordre dans les fortifications d'Ypres et endommagé les fossés. Le roi veut (2) qu'on travaille et que les réparations soient faites le plus promptement possible. Mais quel résultat a donné cet essai ? Quel niveau a été atteint ? M. de Chazerat doit venir à Versailles et apporter le projet général des ouvrages que M. de Vauban propose pour l'année suivante ; mais auparavant, écrit le ministre (3) : «Vous viderez l'inondation aussi bas que possible ; par des profils vous me ferez connaître combien il y avait d'eau douce dans chaque endroit et quelle profondeur est restée. Quelle est la

(1) 30 janvier, Versailles.
(2) 5 juin, Versailles.
(3) 19 octobre, Fontainebleau.

qualité de terrain couvert, terre ferme, sable 1686
ou vase ? Montrez ma lettre à M. de La Neuville qui se chargera de mettre bas les inondations. Mais ne videz pas les étangs de Zillebeke et de Dickebusch, seulement la plaine. Les profils pris, vous fermerez les décharges pour que l'eau revienne pendant l'hiver. »

En terminant ainsi son année, le ministre était sûr qu'aucune précaution n'était oubliée.

§ X. — Année 1687.

L'année 1687 présente encore de moins 1687
nombreux travaux que les précédentes. La première lettre que nous rencontrons est du 11 juin. Que s'est-il passé depuis le commencement de l'année ? D'après une lettre du 24 novembre 1686, nous pouvons penser que M. de Chazerat est en congé, car il demande à cette date un congé qui lui est refusé sous cette raison que celui qui lui avait été accordé précédemment avait été trop prolongé. M. de Chazerat commence sans doute à se fatiguer; il demandera à se retirer en 1688, et déjà il se plaît au repos.

Il ne s'occupe que d'ouvrages courants dont

1687 il envoie le compte (1) ; d'approvisionnements de briques (2), dont il doit porter le nombre à huit millions pour lesquels il reçoit une provision de 40.000 livres ; de la réparation (3) de la tour du vieux rempart située derrière les Dominicains. Elle sert de magasin à poudre ; le plancher manque de solidité ; il convient de le faire porter par de petites voûtes de maçonnerie d'une brique et demie d'épaisseur.

Dans les rares lettres de cette année, il en est une qui arrête notre attention. Elle est adressée (4) à M. Desmadrys dont l'élévation se confirme. Le roi ayant approuvé « que l'on fonde à Ypres cette année le flanc et la face gauche du bastion qui porte le n° 73, Louvois lui envoie 60.000 livres à compte des ouvrages à faire l'an prochain. » M. de Chazerat conserve toutefois une supériorité évidente sur M. Desmadrys ; c'est lui qui a envoyé l'état premier de ces ouvrages: « Vous pouvez les faire fonder, dit Louvois à M. Desmadrys, le roi sera content. Envoyez-moi un

(1) 11 juin, Versailles.
(2) 3 juillet, Marly.
(3) 16 juillet, Versailles.
(4) 26 juillet, Versailles.

nouvel état du travail à faire signé par vous, 1687
et un autre au sieur de Chazerat. »

Le ministre prend le soin de prévenir (1) M. de Chazerat de l'envoi des 60.000 livres à M. Desmadrys, et il ajoute de sa main : « *Suivant ce que vous verrez par la copie des apostils du dit état que je mande à M. Desmadrys de vous remettre.... appliquez-vous à faire que ces ouvrages soient fondés, s'il se peut, tous dans le reste de cette campagne.* »

Nous avons vu déjà que les officiers cherchaient à tirer parti des talus des fortifications; ils attendaient que tout eût poussé à point ; ils faisaient récolte et vendaient. Louvois met un terme à ce qu'il trouve un abus. « Le roi (2) a été informé que des majors de place laissent croître pendant plusieurs années les osiers plantés sur les remparts pour contenir les terres, afin de les utiliser. C'est préjudiciable. Il faut qu'ils soient coupés tous les ans. Qu'ils les coupent, sinon faites-les couper au profit du roi, les herbes aussi. »

L'année se termine par la réparation de la

(1) 31 juillet, Versailles.
(2) 19 août, Marly.

1687 décharge de l'étang de Dickebusch ; le roi l'approuve (1).

Les provisions pour l'année suivante ne sont pas considérables. Louvois demande en juillet (2) des mémoires, en octobre (3) des états détaillés, sans voir au juste ce qu'il sera nécessaire de faire et en 1688 et en 1689, il est évident que les travaux exécutés ont mis la ville d'Ypres en parfait état de défense.

M. de Chazerat est encore allé à La Knocke pour réparer les puits et prolonger le puisard jusqu'au défaut du turf (4), pour voir ensuite si après cela l'eau pourra se conserver, sinon il faudra faire faire une citerne. A La Knocke, comme à Ypres, tout est certainement fait.

§ XI. — Année 1688.

1688 Nous touchons à la dernière année de la carrière de M. de Chazerat, la moins remplie de toutes celles qu'il a passées à Ypres. Il

(1) 23 décembre, Versailles.

(2) Versailles.

(3) Fontainebleau.

(4) Le *turf* me paraît être de la tourbe, substance combustible végétale qui porte en flamand un nom à peu près semblable, *torf*, et qui provient de l'accumulation des herbes des marais. La tourbe, par

est évident que les fortifications de cette 1688
ville étaient terminées, nous l'avons dit et répété, et que les quelques travaux qui restaient à faire n'avaient qu'une moindre importance ; l'œuvre de défense était accomplie.

Nous ne comptons, cette année 1688, que cinq lettres: La première, du 7 janvier (Versailles), traite des affaires particulières du Directeur.

La seconde, du 26 janvier (Versailles), concerne l'étang de Dickebusch et les rigoles conduisant à Ypres : « J'approuve pour les raisons que vous me marquez que vous ayez remis au printemps prochain à faire réparer les digues des rigoles de l'étang de Dickebusch qui sont percées de trous de taupes et de mulots. Il faut que l'été on puisse profiter de l'eau que les rigoles conduisent à Ypres. »

La troisième, du 1er mars (Versailles), se rapporte à la défense de la place : « Vous avez proposé de faire des souterrains en la place des cavaliers ; le roi approuve, à la

suite de lentes évolutions du sol, est souvent recouverte d'une assez épaisse couche de terre (Note de M. Bonvarlet).

1688 condition que ce mouvement qui se fera des terres ne puisse gêner la défense. Il ne faut pas faire des rempiétements aux fondements des petits revêtements des profils et des gorges des demi-lunes de la dite place, mais seulement laisser en ces endroits-là des bermes si larges qu'*ils* (1) ne courent point de risque. »

La quatrième lettre, du 5 mars (Versailles), a aussi trait aux fortifications : « Un paquet que je vous envoie vous instruira de ce que le roi a réglé pour le réduit d'Ypres.— Le roi a fait faire une réforme au projet que M. de Vauban avait fait pour les fortifications de la partie du corps de la place entre la porte de Messines et la porte de Beveren. — Que coûterait-il pour mettre le revêtement à l'abri des insultes ? — Il faut qu'il y ait vingt-cinq pieds de haut au-dessus de l'eau et des bermes, s'il y en a. — A l'égard des contre-gardes que propose M. de Vauban sur les deux angles que fait le rempart, l'intention de Sa Majesté, lorsqu'elle en ordonnera la construction, sera qu'on les revêtisse. »

Dans la cinquième lettre, du 20 mars (Ver-

(1) Il y a bien *ils* dans la lettre, et cependant *bermes* est du féminin.

sailles), le ministre dit à M. de Chazerat : 1688
« Vous me ferez plaisir de travailler aux plans et mémoires que vous me promettez et de les joindre à la carte (1) que vous avez faite de la côte du pays depuis Dunkerque jusque et y compris Anvers. »

Mais dans l'intervalle qui s'est écoulé entre les lettres du 1er et du 5 mars, Louvois avait appris par M. de Vauban que M. de Chazerat voulait se retirer. Il était fatigué, et certes il avait bien mérité le repos. Vauban et surtout Louvois n'étaient pas des maîtres faciles à servir ; il fallait être à eux entièrement, corps et esprit ; les travaux étaient toujours pressants et malgré les dérangements, les voyages, les surveillances qui prenaient des journées entières, il fallait tracer des plans, rédiger des mémoires, établir des devis. Les nuits venaient en aide aux jours ; et les années se passaient sans autre répit que quelques moments de congé demandés avec instance et obtenus avec peine. De telles occupations dépassent les forces humaines et épuisent la santé la plus forte.

(1) La lettre écrit *Carthe*. Cette carte avait en ces temps une grande valeur, et devait faire beaucoup d'honneur à M. de Chazerat.

1688 Louvois estime trop M. de Chazerat pour ne pas apprendre avec déplaisir sa résolution; mais il ne la combat pas. Il l'a transmise au roi, et comme marque de récompense et de considération, « Sa Majesté, dit Louvois (1), a trouvé bon de vous accorder 400 écus de pension chez vous. Remettez plans, profils et mémoires entre les mains du sieur de Caligny, qui en sera chargé dorénavant, auquel vous remettrez aussi copie de cette lettre et de tout ce qui est dans le paquet de M. de Vauban. »

Le 20 mars, le ministre ajoute : « Vous me ferez aussi plaisir, avant de partir d'Ypres, d'achever les profils, développements et estimations que je vous ai demandés, et un toisé général des ouvrages qui ont été faits l'année dernière à cette place. »

Ainsi se termine, dans l'estime de la cour et de l'armée, une carrière honorable que nous avons suffisamment fait connaître et que nous n'avons plus à louer.

(1) 5 mars, Versailles.

CONCLUSION

Ici s'arrête notre tâche, et si nous avons été bien suivis dans le détail des travaux des différentes places que M. de Chazerat a fortifiées et dont il a eu la direction, on aura vu que nous avons justifié les appréciations de notre deuxième chapitre. Ayant à juger les trois grands personnages qui ont créé les fortifications de notre France et qui en ont fait une citadelle, nous avons assigné à chacun d'eux le rôle qui lui revient. Vauban, illustre ingénieur, illustre constructeur, a tracé tous les plans généraux ; a revu, corrigé, rectifié les plans particuliers des agents secondaires ; il est dans son art un inventeur et un créateur. Louvois est le directeur des travaux sur toutes les frontières, du moins il finit par l'être ; dans son ministère tout se concentre ; il a tout dans sa main ; il juge et dirige ; il porte ses ordres sur tous les points, éclairé par les rapports du grand ingénieur, du véritable Martinet des fortifications, mais aussi par les rapports directs des ingénieurs locaux qui exécutent les projets et les mènent à complet achèvement. Mais l'appréciation suprême reste au roi; là est la volonté souveraine et toute décision en dépend. Jamais Louvois ne parle en son propre nom, il parle au nom du roi ; on nous dira: c'est une formule qu'il emploie; non, non. Si le roi n'avait été pour rien dans les résolutions, pourquoi le ministre le mettrait-il toujours en avant? Un ministre, quand il a réellement le pouvoir, est bien assez fort pour se faire obéir en son propre nom par tous ceux qui attendent de lui les récompenses et l'avancement. On l'a bien vu en d'autres temps ; bien des souverains ont disparu derrière leurs ministres. Mais ce n'est pas le cas ici. Le roi paraît dans toutes les lettres parce qu'il est le vrai maître ; on le voit en toutes choses. C'est à lui que Louvois rend des comptes ; il lui soumet ses propositions ; il demande ses ordres. C'est du conseil royal que sort l'approbation des plans, des traités, des marchés ; le roi signe tout ; sans son nom, suivant l'expression du temps, pas un sol ne peut être envoyé ou dépensé. Sa volonté se manifeste, partout et toujours, puissante et décisive, Louvois la transmet ; Vauban et tout le corps des ingénieurs l'exécutent. Ainsi s'explique cette action si persistante qui ne laisse jamais rien en souffrance, et qui ne s'arrête qu'après un succès complet : l'honneur en remonte jusqu'au roi.

APPENDICE

Lettre de M. de Vauban à M. de Chazerat.

Les signatures seules sont de la main de M. de Vauban.

« A Paris, le 2 Mars 1688.

» Je vous envoie le plan d'Ypres où j'ay (1) corrigé par ordre de Mgr de Louvois le dessein bastionné de la grosse ligne noire entre les portes de Messines et de Lille, au lieu duquelon fera les deux contre-gardes marquées (A. B.) qu'il suffira de fe. de terre avec des fossés bien profonds et des chemins couverts allentour comme les figures au plan et de racomoder et rehausser le vieux revestem. de cinq ou six pieds plus ou moins suivant les besoins qu'il y aura de soutenir, chose qui ne presse point et que nous déterminerons au premier voyage que je feray là; vous pourer placer les souterrains dans les endroits des bastions que vous proposez, pourveu qu'ils soient situés sous les cavaliers et que les abords de leurs entrées soient libres, vous ou Caligny devez avoir l'instruction necessaire à lerrection de ces souterrains à laquelle j'ajouteray copie de la lettre de Mgr de Louvois aussitost que j'auray joint mon équipage, si cela ne suffisait

(1) Nous conservons exactement l'orthographe.

pas en me le faisant savoir je repondray a tout ce que vous me demanderez.

» J'ay parlé à Monseigneur de vos interest dans l'esprit que vous avez desiré sur quoy il ne ma rien repondu de positif je lui en ecriray encore et il ne tiendra pas a moy que vous nayez lieu destre content.

» Voyez de travavailler a vostre loisir a l'estima'on du reduit au dessein duquel j'ay retranché beaucoup de souterrains et souvenez vous que le profil de son gros revestem. doit avoir quarante pieds destima'on au dessus de la retraitte, ce profil gn'al dont vous et Caligny devez avoir des copies, regle les epaisseurs deües a cette eleva'on aussi bien que la longueur et épaisseur de leurs contreforts, si on pouvait eviter le mur intérieur qui doit soutenir le rempart on ferait un fort grand plaisir a Mgr de Louvois. Cest ce que j'essayeray de fe. au premier voyage, cependant travaillez tout de nouveau vous et Caligny a son estima'on. Je suis toujours de tout mon cœur tout a vous.

» (Signé) VAUBAN. (1)

» Je reviens (2) aux souterrains pour vous dire qu'il faudroit employer à leur fabrique, sentend autant qu'il plaira à Mgr de Louvois dy aquiescer le fonds destiné a l'errection des cavaliers et commencer par celuy des trois qui vous paroistra le plus pressé, im-

(1) La signature seule est de la main de Vauban.

(2) Le postcriptum n'est pas de la même écriture que la lettre.

portant peu par lequel on commence, mais comme il doit rester en ce cas beaucoup plus de terre dans le fossé voyez a regler une cuvette au fond joignant le bord exterieur de 4, 5, 6, 7 a 8 to. de large plus ou moins suivant le besoing et les terres que vous pourrez faire enlever.

» Je suis de rechef tout a vous
» (Signé) VAUBAN. »

Lettres de Louis de Bourbon, Prince de Condé.

I

« Au Camp de la commanderie les Pieton,
le 24 Juillet 1672.

» J'ai esté bien aise d'apprendre par vostre lettre du 18 de ce mois le bon état des travaux du fort Louis et de ceux de Gravelines, de Bergues et de Dunquerques, vous me ferez plaisir de me mander de fois a autre ce qui s'y avancera.

» (Signé) Louis de BOURBON » (1)

II

« Au Camp de Pieton, le 9 Aoust 1674. (2)

» Je viens de recevoir vostre lettre du 2 de ce mois par laquelle vous me mandez 283. 110. 113. 139.

(1) La signature seule est de la main du prince de Condé.
(2) La main change.

167. 385. 169. 75. 415. 418. 483. 75. 97. 415. 204. 163. 433.

» Il est de la dernière importance que 289. 517. 417. 302. 143. 165. 365. 419. 300. 365. 468. 300. 167. et que l'on prenne toutes les précautions possibles pour 327. 373. 417. 112. 491. 139. 257. 450. 282. 468. 122. 249. 327. 450. 247. 433. 373. 450. 282. 468. 122. 249. 327. 450. 247. 433. 373. 450. 415. 284. 285. 170. Je ne seaurois vous rien dire plus particulierement la dessus, mais je vous recommande bien fort de 188. 472, 112. 385. 437. 416. 333. 372. 283. 437. 481. 417. 468. 141. 283. 374.

» (Signé) Louis de BOURBON. »

III

« Au Camp de la Busnive (1),
le 26 Aoust 1674.

» J'ay receu vostre lettre du 18 de ce mois. J'ay veu ce que vous me tesmoignez sur ce qui s'est passé icy. Je vous en suis bien obligé et de la part que vous y prenez.

toutes (2) les precautions
» Je suis fort aise de 472.284.365.417.111.481.

(1) Ce nom est très indistinctement écrit. Ne faut-il pas lire La Buissière ou Labuissière, commune de l'arrondissement administratif de Thuin et du canton de Merbes-le-Château dans le Hainaut belge? Je suis disposé à le croire : Piéton, siége autrefois d'une commanderie de l'ordre de Malte, est lui-même aussi dans l'arrondissement de Charleroy, tout voisin de celui de Thuin (Note de M. Bonvarlet).

(2) Cette traduction interlinéaire est de M. de Chazerat. La

qu'on a prises pour laccident qui est
451.435.387.351.76.365.418.437.435.372.283.110.
arrivé a Bergues
113.139.167.385.169.76.415.418.483.76.97.415.
et de ce qu'on y apporte remede
204.166.141.112.389.517.76.75.365.369.415.468.
avec la diligence que vous me
417.302.141.80.283.143.285.201.325.112.384.487.
mandes il ne faut pas dis-
302.308.525.253.327.183.481.466.373.143.435.114.
continuer d'y travailler jusques a ce que
325.469.33.165.415.143.466.416.482.247.282.284.
cette brèche soit entièrement reparée
415.256.76.112.384.112.466.468.95.417.110.221.
435.352.168.469.165.417.309.417.366.417.165.

» (Signé) LOUIS DE BOURBON. »

IV

« Au Camp de Brugelette,
le 2 Juillet 1674. (1)

» Jay receu vostre lettre du 8e de ce mois, par laquelle jay veu tout ce que vous me mandez, jay esté fort aise d'apprendre le bon estat où sont Grave-

lettre est peu importante. Toutefois, comme elle parlait d'une brèche survenue aux remparts de Bergues, on comprend que le prince ait employé les chiffres, prévenant le cas où elle tomberait entre les mains de l'ennemi.

(1) La main change.

lines et le fort Louis, et de ce que vous me tesmoignez que ces deux places vont estre dans leur perfection. Vous me ferez plaisir de continuer a me rendre compte de toutes choses et assurez vous tous jours de mon amitié.

» (Signé) Louis de BOURBON. »

V

« Au Camp de Brugelette près Lens,
ce 3 Juillet 1674. (1)

» Jay este bien aise de voir le memoire que vous m'avez envoyé touchant les fortifications des places de la mer. Quand M. de Vauban sera icy ie luy feray voir et vous en manderay son sentiment. Cependant comme vous me tesmoignes quil faut encore quelques palissades pour achever de mettre Graveline toutafait en bon estat, j'en écris à M. le Boistel 390.75.112.417.200.415.142.111.283.247.433.249.470.247.433.102.183.433.110.221.384.112.466.468.374.435.352.168.75.481.433.438.301.481.482.247.433.169.75.966.384.487.302.284.38.433.

» Il ne serait pas mal à propos que vous mandasties 75.33.289.97.439.295.325.365.417.433.434.79.

(1) La main change encore, mais ici, il nous semble que l'écriture est celle même du prince de Condé, nous l'avons comparée avec des autographes bien certifiés, et nous ne croyons pas nous tromper.

385.282.517.76.143.466.416.482.247.282.284.415. et comme c'est une place qui est comme ie croy 75.481.499.439.247.325.199.433.191.20.114.282.97.415.466. vous pourriez aussi lui en ecrire, et même ie croy quil serait bon que 20.284.145.110.141.110.220.419.90.433.466. leur en écriviez aussi à tous deux 75.185.325.385.282.433.433.111.110.221.325.366.282.169.75.466.350.169.283.374.166.385.282.433.517.417.302.143.167.122.253.284.252.201.415.351.75.565.419.369.433. Vous me ferer plaisir de me donner de fois a autres de vos nouvelles, cependant asseurés vous que iay toute sorte d'estime et d'amitié pour vous.

» (Signé) Louis de BOURBON. »

Cette lettre a été écrite une seconde fois et dans des termes exactement semblables et de la même écriture. Le prince, dans le postcriptum de la seconde lettre, explique le double envoi :

« Ie vous envoye le duplicata de cette lettre parce que iay appris que le courrier avait esté pris. »

Le prince avait été induit en erreur, puisque les deux lettres sont arrivées dans les mains de M. de Chazerat.

Suit une feuille que nous ne reproduisons pas; la moitié des lignes est en chiffres, l'autre moitié en lettres, et ces lettres sont évidemment de la main de M. de Chazerat. Il n'y a pas d'entête, il n'y a pas de signature. Elle ne saurait fixer l'attention.

Au reste, ces lettres chiffrées, si on en juge par celle qui porte de la main de M. de Chazerat une traduction interlinéaire des chiffres, n'avaient qu'une importance du moment et n'avaient trait qu'aux travaux ou aux réparations en cours. Si le prince se servait de chiffres, c'est qu'il ne voulait pas, dans le cas où la lettre tomberait entre les mains des Espagnols, comme il l'a craint pour sa lettre du 3 juillet 1674, écrite de Brugelette, près Lens, que les généraux ennemis apprissent que telle ville avait des remparts en réparation, que telle autre n'avait pas achevé ses travaux. Il n'y a donc pas lieu de se préoccuper de ce que ces lettres peuvent contenir.

VI

« Au Camp près de Bavay,
le 16 Septembre 1674.

» Jay receu la lettre que vous m'avez escrite du 6 de ce mois, je suis fort ayse du soin que vous avez pris de mettre Bergue en estat et de ce que vous me mandés que cette place sera présentement meilleure qu'elle n'a jamais esté, et je vous prie de continuer a y faire tout ce que vous croirés pour le mieux et de prendre aussy le mesme soin pour toutes les autres places qui sont de dela.

» (Signé) LOUIS DE BOURBON. »

Lettre de Louis Armand, Prince de Conti, neveu du Prince de Condé.

« A Versailles, ce 10 Janvier 1684.

» Jay receu, Monsieur, le plan des attaques de la ville et de la citadelle de Courtray que vous m'avez envoyé, et je vous remercie du soin que vous vous estes donné pour cela. Je me souviens d'avoir fait sur les lieux les remarques que vous me faites faire, ce qui me fait voir d'autant plus votre exactitude. J'aurois bien de la joye si je trouvois des occasions de vous faire plaisir, et de vous tesmoigner l'estime et la considération que j'ay pour vous.

» (Signé) L. A. DE BOURBON. » (1)

(1) La signature seule est de la main du prince de Conti.

Enfin, nous reproduisons une adresse de lettre qui confirme le titre de M. de Chazerat.

A Monsieur

Monsieur de CHAZERAT,

Directeur des Fortifications

A YPRES

Je tiens, en terminant, à exprimer toute ma gratitude à deux de mes savants confrères qui m'ont puissamment aidé pour la publication de mon travail : M. Emile Bouchet est venu à moi après la lecture de mon mémoire à l'Institut; il l'a jugé trop favorablement peut-être, et m'a mis en rapport avec le Comité Flamand de France; M. Bonvarlet m'a fait entrer dans ce Comité dont il est l'éminent Président, et lorsque mon mémoire a été étendu, transformé et admis à l'impression, il a mis à ma disposition ses vastes connaissances; il a bien voulu revoir mes épreuves, rectifier l'orthographe de noms de lieux que Louvois et ses secrétaires écrivaient au hasard et de différentes façons, suivant qu'ils leur étaient bien ou mal transmis, suivant qu'ils étaient bien ou mal prononcés devant eux; enfin, il m'a remis des notes que je me suis empressé d'insérer. L'estime que je désire obtenir, je la partagerai avec mes bienveillants auxiliaires, dont le dernier a été un véritable collaborateur.

ERRATA

Pages.	Lignes.	Au lieu de :	LIRE :
80	21	Sonzy	Souzy
84	11	eut	eût
95	14	reçu	reçue
99	1	1676	1675
100	22	acheter	achever
124	27	aussi	ainsi
126	16	eu	un
129	22	Polyorcète	Poliorcète
134	note	et	est
139	6	Niepe	Nieppe
181	note	de Neuville	de la Neuville
196	note	Vandeveghe	Vandeweghe

TABLE

Dunkerque. — Imp. Paul Michel.

www.ingramcontent.com/pod-product-compliance
Lightning Source LLC
Chambersburg PA
CBHW071134160426
43196CB00011B/1892
* 9 7 8 2 0 1 2 7 4 7 6 0 9 *